JN292583

認知療法・認知行動療法
面接の実際

著
伊藤 絵美

星 和 書 店

The Real Sessions of Cognitive Therapy/ Cognitive-Behavior Therapy

by
Emi Ito, Ph.D.

©2006 by Seiwa Shoten Publishers

はじめに──セッション撮影の目的と概要

◆セッションの撮影に至るまで

　私は現在，東京都の大田区にて認知行動療法（Cognitive Behavioral Therapy：以下，CBTと記載することもある）の臨床・教育・研究の機関を運営しています。私自身はサイコロジスト（臨床心理士）としてCBTをずっと志向してきましたが，私が現場で臨床を始めた頃には，日本ではCBTに対する関心はさほど高くなかったように思います。その後もずっと，特に日本の臨床心理学の世界では，一部の例外を除いては，CBTはさほど注目されずに月日が経過しました。

　しかしエビデンスに基づく精神科医療への志向性が高まるなか，精神療法・心理療法にもエビデンスが求められるという風潮が強まり，実際にCBTの効果が実証的に示されることが増えてきました。また，CBTの一般書が出版され，CBTを求めるユーザー（患者さん，クライアントさん）が増えているという現状のなかで，現在，メンタルヘルス従事者のCBTに対する関心がにわかに高まっているようです。CBTを志向し，その効果を現場で実感してきた私にとっては大変うれしい傾向です。が，その反面，CBTを体系的に学びたくてもそのような機会がない，という声が多く聞かれるようになりました。

　ある心理療法を体系的に習得するには，テキスト等を読むことによる学習だけでなく，実践的な訓練が不可欠ですが，CBTについてそのような訓練を受けられる教育システムが，今の日本にはまだまだ不足しています。私自身，自分がクライアントさんと一緒にCBTを進めていくための最低限の知識や技術は，ある程度は何とか習得してきたとは思うのですが，実際にあるプロジェクトにおいて，若手のサイコロジストに対してCBTを体系的に教えなければならない役割を与えられたとき，効果的なトレーニングプログラムをどのようにして構築したらよいか，かなり困ってしまいました。幸いそのときに，慶應義塾大学の大野裕先生から，認知療法の創始者であるアーロン・ベック先生が運営するCBTの機関（Beck Institute for Cognitive Therapy and Research）をご紹介いただき，専門家向けの短期研修プログラムに参加することができました。たった1週間の短いプログラムでしたが，たくさんのことを学び，その後の教育プログラムの構築にも役立てることができました。なかでも，ベック先生をはじめとする一流のCBTの実践家のセッションを，ライブやビデオで見学できたことが，私には特に印象に残りました。当然のことですが，セッションについての報告を聞くよりも，セッシ

ョンを観るほうがよほど訓練になるということが体験的に理解できたのです。まさに「百聞は一見に如かず」でした。

それまでもベック先生のセッションのビデオを単発で観察学習する機会はありましたが，複数のセッションを「まとめて観る」という体験をすることで，CBT の流れや構造が以前よりもしっかりとした形で自分の中に定着したように思われました。また，セッションを見学してそれで終わりというのではなく，各セッションを見学した後で，研修に参加している他の方々や，セッションを実際に担当したセラピストと，そのセッションについての疑問や感想を語り合うという「振り返り」の作業をすることが，スキルアップのためにはより効果的だということも，深く実感されました。同時に，CBT を学びたいという方々に，テキストだけではなく，日本語によるこのようなビジュアル教材があればどんなによいだろうと，以前にも増して強く思うようになりました。しかしそのような教材を自分が作るという発想はなく，「誰か偉い先生がそういう教材を作ってくれればいいのにな」と，お気楽に考えていたに過ぎません。

その2年後，2004年の4月に，私は現在の CBT の専門機関を開設しました。ここでは自分が CBT のセッション担当者としてクライアントさんとお会いするだけでなく，スタッフのトレーニングもしなければなりません。その一環として，スタッフには私のセッションに陪席させ，ライブでセッションを見学してもらうようにしています。ほどなくして，セッションをライブで観察学習することの効果が非常に高いことが，私にもスタッフにも改めて実感されました。しかしセッションの陪席だけでスタッフを訓練するには限界があります。また，開設と同時に，外部のメンタルヘルス従事者やその卵の方々に対し，CBT のワークショップを開催するという活動も始めましたが，ワークショップの参加者の方々にはもちろんセッションに陪席していただくことはできません。

そこで私は，前述の Beck Institute での自分の体験から，スタッフやワークショップの参加者に対し，ビジュアル教材で観察学習をしていただきたい，そのためにはどうしたらよいだろうと検討し始めました。外国語（主に英語）で実施されているビジュアル教材のいくつかは入手可能ですし，すでに私の手元にもありました。が，私たちは普段，日本語を使って臨床実践をしています。用いる言語によって CBT のセッションが質的に異なるかどうかは定かではありませんが（さほど異ならないだろうと思っています），少なくとも自分たちが馴染んでいる言語での教材を観るほうが，言葉そのものの理解にエネルギーを使わずに済みますので，学習効果が高いことは確かだと思います。

私はそのような経緯をきっかけに，自分たちで CBT のセッションを撮影することに決めました。本来であれば，クライアントさんの許可を得て，実際のセッションを撮影し，それを学習者に観ていただくのが最も効果的だと思いますが，私が運営している一民間機関で，クライアントさんにそこまでの負担を依頼することはできません。そこでセラピスト役を私（伊藤）

が担当し，クライアント役を数名のスタッフが担当することにして，模擬セッションを撮影することにしたのです。

◆このDVDにおけるセッションの概要

CBTの教材としてセッションを撮影するのであれば，臨床現場でよく出会うクライアントさんを想定し，CBTの典型的なセッションを数パターン撮影するのが望ましいだろうと考え，このDVDでのセッション（以下DVDセッションと記載）では以下の4つの事例を設定しました。

①事例A：大うつ病性障害。単一エピソード（初回～第4セッション）
②事例B：適応障害（第4，第5セッション）
③事例C：広場恐怖を伴うパニック障害（第2セッション）
④事例D：強迫性障害（第2セッション）

①の事例Aについては，4セッション分を撮影しました。すなわち，CBTの導入，アセスメント（事例定式化），セラピーにおける目標の設定など，うつ病に限らずすべてのCBTの導入に必要なやりとりを，2回分のセッションとして撮影し，さらにうつ病のCBTでよく用いられる技法である「認知再構成法」を，2回分のセッションとして撮影しました。

②の事例Bについては，3回分のセッションがすでに終了しているという設定で撮影しました。すなわち，アセスメントや目標設定の手続きを終え，軽度のうつ状態や適応障害などで用いられることの多い「問題解決法」を実施することが合意された後の，2回分のセッションです。

③と④は不安障害に対するCBTの実際を端的に示すために，どちらもアセスメントと目標設定が済んだ後の第2セッションという設定で撮影しました。

どの事例も，クライアントさんの名前や年齢，生活状況などをある程度事前に設定しました。事例Aを「田中洋子さん，女性，30代前半」，事例Bを「中村貴子さん，女性，20代後半」，事例Cを「村越由美さん，女性，20代後半」，事例Dを「越川敦子さん，女性，20代後半」としましたが，これらのクライアント名はすべて仮名で，私たちが実際に関わったことのあるクライアントさんとは一切関係はありません。DVDセッションにおけるクライアントさんの性別や年齢が偏っているのは，私が運営する機関のスタッフがたまたまそういう構成になっていたからであり，それ以上の意味はありません。

このように，模擬セッションにおける4つの事例は，おおまかな設定を行い，事例B，C，

Dについてはアセスメントが済んだものとして，そのアセスメント内容を予め決めてしまいましたが，それ以外は特にシナリオも作らず，「ぶっつけ本番」でやりとりを行ったライブセッションです。クライアント役のスタッフたちにも，特に「こんなふうに演じてほしい」などというリクエストはしませんでした。したがって模擬ではありますが，普段私が実施しているCBTのセッションとほとんど変わらないものと受け止めていただいて構わないかと思います。実際に，普段私のセッションに陪席しているスタッフからも，「普段と特に変わりない」というコメントをもらっています。

◆撮影の日時，場所と出演者および撮影者について

①事例A：2004年12月24日（金）（4セッション分すべて）。クライアント役：山本真規子（洗足ストレスコーピング・サポートオフィス　スタッフ）
②事例B：2004年12月21日（火）（2セッション分すべて）。クライアント役：那田華恵（同機関　スタッフ）
③事例C：2004年12月21日（火）。クライアント役：初野直子（同機関　スタッフ）
④事例D：2004年12月21日（火）。クライアント役：初野直子（同機関　スタッフ）
※なお，セッションの時間は，すべて50分前後です。

セラピスト役はすべて私（伊藤）が担当しました。また撮影および撮影後のDVDの編集は，株式会社アロービジョンに依頼しました。

◆DVD出版について

上記のとおり，撮影されたセッションは，スタッフの研修およびメンタルヘルス従事者を対象としたワークショップで，観察学習用教材として活用する予定でいました。が，実際にDVDを使った研修やワークショップを実施したところ，「CBTのセッションの実際の様子がよくわかった」という感想と同時に，「繰り返し観たいのでDVDを販売してほしい」という要望が寄せられ，急遽，星和書店から出版していただくことになりました。本来であれば，DVDをご覧になる際に参照していただけるテキストを作成し，より完成度の高い教材として世に出したかったのですが，CBTの専門家養成が立ち遅れている現状を考えると，時間をかけてテキストを作成するよりは，簡単な解説書を添付するだけであっても，ビジュアル教材（DVD）をできるだけ早く出版することに意義があるとの結論に至りました。

そのようなわけで，この解説書には必要最低限のことしか記載してありませんし，DVDと

して収録された8回分のセッションには，セラピスト役の私があわてていたり，やりとりが聞き取りづらかったりする箇所が多々あります。さらに私自身のセラピストとしての未熟な点が露呈している面も散見されます。その意味では，このDVDセッションは教材としてはなはだ不完全ではありますが，できれば多くの方にご覧いただき，ご意見やご批判を頂戴できれば幸いです。また今回のDVD出版が，日本におけるCBTの専門家養成の起爆剤となれば，これほど嬉しいことはありません。

目　次

はじめに──セッション撮影の目的と概要　iii

第1章　認知行動療法入門　1

1-1　認知行動療法（CBT）とは　1

1-2　CBT の大きな流れ　1

1-3　CBT の基本モデル　2

1-4　CBT の基本原則　2

- ●基本原則1．常に基本モデルに沿ってクライアントさんの体験を理解する　3
- ●基本原則2．セラピストとクライアントさんはチームを形成し，信頼関係を通じて，実証的見地から協同作業を行う：協同的実証主義　3
- ●基本原則3．「今，ここの問題」に焦点を当て，その解決を目指す：問題解決志向　3
- ●基本原則4．心理教育を重視し，クライアントさん自身が自己治療やセルフカウンセリングできるようになることを目指す。さらにそれによる再発予防を目指す　3
- ●基本原則5．毎セッション，そして初回から終結までの流れを，構造化する　3
- ●基本原則6．カウンセリングにおける具体的目標を定め，その達成のために多様な技法をパッケージ化して活用する　4

1-5　CBT の基本技法　4

- ●基本技法1．双方向的なコミュニケーション　4
- ●基本技法2．アセスメントと心理教育　4
- ●基本技法3．認知再構成法　6
- ●基本技法4．問題解決法　6
- ●基本技法5．リラクセーション法（呼吸コントロール）　6
- ●基本技法6．曝露反応妨害法　6

第2章　セッションで用いたツール　9

- ●セッション記録シート（書き込み式）　9
- ●ホームワークシート（書き込み式）　10
- ●「構造的な認知モデル」（心理教育用説明シート）　11
- ●日本版 BDI-Ⅱ（心理テスト）　12

- ● BDI-II 記録用紙（書き込み式）　13
- ● ツール1：アセスメントシート（書き込み式）　14
- ● ツール2：問題同定＆目標設定シート（書き込み式）　15
- ● ツール3：自動思考同定シート（書き込み式）　16
- ● ツール4：自動思考検討シート（書き込み式）　17
- ● ツール5：代替思考の案出シート（書き込み式）　18
- ● ツール6：問題解決シート（書き込み式）　19
- ● リラクセーション法マニュアル（心理教育用説明シート）　20

第3章　認知行動療法の導入〈事例A　初回セッション〉　21

- 3-1　事例A 初回セッションの全体の流れ　22
- 3-2　インテーク情報の確認とCBT開始の意思確認　22
- 3-3　CBTについての心理教育　23
- 3-4　うつ病とCBTについての心理教育　23
- 3-5　CBTの全体の流れ（初回から終結まで）についての心理教育　24
- 3-6　CBTの1回のセッションの進め方についての心理教育　25
- 3-7　アジェンダの設定　26
- 3-8　抑うつ症状の主観的評定　26
- 3-9　抑うつ尺度（BDI-II）を用いた客観的評価　28
- 3-10　CBTの基本モデルに基づくアセスメントの開始　29
- 3-11　セッションのまとめ　29
- 3-12　CBTの初回セッションについて　29

第4章　アセスメントと目標設定〈事例A　第2セッション〉　31

- 4-1　事例A第2セッションの全体の流れ　31
- 4-2　導入──経過と現状のおおまかな把握　32
- 4-3　アジェンダの設定　32
- 4-4　全体像のアセスメント（状況の具体的な把握）　33
- 4-5　全体像のアセスメント（悪循環の把握）　33
- 4-6　コーピングとサポート資源の確認　34
- 4-7　問題の同定　36
- 4-8　CBTにおける目標の設定　38
- 4-9　セッションのまとめ　38

4-10　CBTにおける「アセスメント」と「問題同定・目標設定」について　40

第5章　認知再構成法1――自動思考の同定〈事例A　第3セッション〉 …………… 41

5-1　事例A第3セッションの全体の流れ　41
5-2　導入――経過と現状のおおまかな把握　42
5-3　アジェンダの設定　42
5-4　ホームワークに基づくツール1（アセスメント），ツール2（問題&目標）の確認　43
5-5　認知再構成法についての心理教育　43
5-6　認知再構成法の練習――ストレス場面の同定　44
5-7　認知再構成法の練習――気分・感情と自動思考の同定　45
5-8　認知再構成法の練習――検討する自動思考の同定　45
5-9　認知再構成法――自動思考の検討についての心理教育　46
5-10　セッションのまとめ　47
5-11　CBTにおける認知再構成法の適用について　48

第6章　認知再構成法2――自動思考の検討〈事例A　第4セッション〉 …………… 49

6-1　事例A第4セッションの全体の流れ　50
6-2　導入――経過と現状のおおまかな把握　50
6-3　アジェンダの設定　51
6-4　自動思考の検討　51
6-5　新たな思考の案出と効果検証　52
6-6　認知再構成法のまとめ　54
6-7　セッションのまとめ　56
6-8　認知再構成について　56

第7章　問題解決法1――問題の同定と問題解決的認知の導入
　　　　〈事例B　第4セッション〉 …………… 59

7-1　事例B第4セッションの全体の流れ　61
7-2　導入――経過と現状のおおまかな把握　62
7-3　アジェンダの設定　62
7-4　問題解決法についての全般的な心理教育　62
7-5　問題状況のおおまかな把握　63
7-6　問題状況を聴取し，ツール1，2と照合する　64

7-7　現在抱えている問題に対して問題解決法を適用することについての合意　64

7-8　問題解決法その1──「問題状況を具体的に把握する」　64

7-9　問題解決法その2(1)──問題解決的認知についての心理教育　65

7-10　問題解決法その2(2)──各問題解決的認知についての説明と検討　65

7-11　セッションのまとめ　66

7-12　問題解決法の導入と問題解決的認知について　66

第8章　問題解決法2──目標設定から行動計画まで
〈事例B　第5セッション〉………………………………………………… 69

8-1　事例B　第5セッションの全体の流れ　69

8-2　導入──経過と現状のおおまかな把握　70

8-3　アジェンダの設定　70

8-4　ホームワークの確認（特に問題解決的認知について）　70

8-5　問題解決法その3──解決・改善状況を具体的にイメージする　72

8-6　問題解決法その4(1)──具体的な手段を案出する　72

8-7　問題解決法その4(2)──具体的な手段を評価する　73

8-8　問題解決法その5──具体的な実行計画を立てる　74

8-9　問題解決法のまとめ　75

8-10　セッションのまとめ　76

8-11　問題解決法における目標設定から行動計画まで　76

第9章　パニック障害の認知行動療法──心理教育と呼吸コントロール
〈事例C　第2セッション〉………………………………………………… 79

9-1　事例C　第2セッションの全体の流れ　80

9-2　導入──経過と現状のおおまかな把握　81

9-3　アジェンダの設定　81

9-4　CBTのモデルに沿ったパニック発作のエピソードの聴取　82

9-5　パニック障害の診断についての心理教育　82

9-6　パニック障害に対するCBTについての心理教育　83

9-7　回避についての心理教育　83

9-8　リラクセーション法と曝露法についての心理教育　83

9-9　緊張とリラックスについての心理教育　84

9-10　リラクセーション法（呼吸法）の導入　84

9-11　セッションのまとめ　85
9-12　パニック障害に対するCBTについて　86

第10章　強迫性障害の認知行動療法——心理教育と曝露反応妨害法
〈事例D 第2セッション〉 87

10-1　事例D 第2セッションの全体の流れ　88
10-2　導入——経過と現状のおおまかな把握　89
10-3　アジェンダの設定　89
10-4　エピソードの報告に基づくさらなるアセスメント　90
10-5　強迫性障害についての心理教育　91
10-6　強迫性障害に対するCBTについての心理教育　91
10-7　曝露反応妨害法の計画とホームワークの設定　92
10-8　強迫性障害に対するCBTについて　93

おわりに　95
参考文献　96

第1章 認知行動療法入門

ここでは，ごく簡単に認知行動療法（CBT）について紹介します。詳細については，『認知療法・認知行動療法カウンセリング　初級ワークショップ』（参考文献8）をご参照ください。

1-1　認知行動療法（CBT）とは

認知行動療法（Cognitive Behavioral Therapy：以下 CBT と記載）とは，認知行動理論に基づく体系的な心理療法です。精神疾患や心理的な問題には，さまざまな治療法や援助法がありますが，CBT では，クライアントさんの主訴を，①環境（状況，他者関係），②認知，③気分・感情，④身体反応，⑤行動の5領域にわたってアセスメントしたうえで，そのクライアントさんの援助に適した認知的技法と行動的技法を選択し，クライアントさんにそれらの技法を習得していただくという，教育的特徴を有する積極的な心理療法です。

1-2　CBTの大きな流れ

CBT のこれまでの流れを，簡単に説明します。

CBT の起源は2つあります。ひとつは精神分析からの流れです。もともと精神分析を志向していたアーロン・ベックが，精神分析のように解釈をしなくても，その人の主観的な思考やイメージ（すなわち認知）を治療でそのまま扱えることに気づいたのが1960年代でした。

もうひとつの起源が，学習理論に基づく行動療法の流れです。学習理論自体が行動だけでなく認知を含めて考えるようになった結果，行動療法から認知行動療法に発展したのです。

CBT の第一世代の主要な人物を挙げますと，認知療法のアーロン・ベック，論理情動行動療法のアルバート・エリス，ストレス免疫訓練のドナルド・マイケンバウム，マルチモード療法のアーノルド・ラザルスが挙げられると思います。これらの人物が CBT のパイオニアと言えます。

精神分析から発展したベックの認知療法と，行動療法から発展した認知行動療法は，別の流

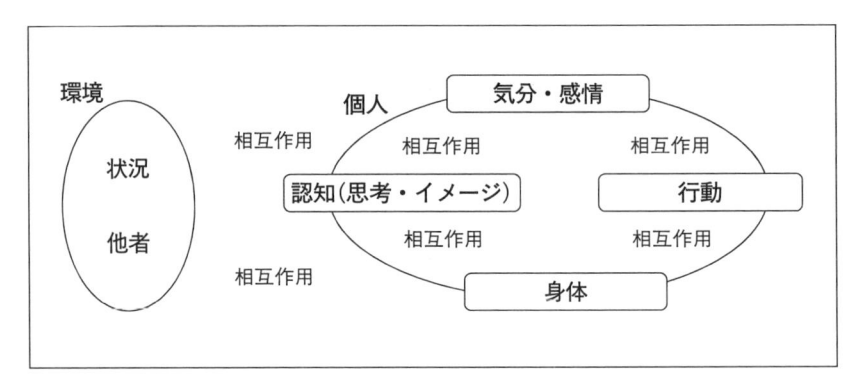

図1.1　認知行動療法の基本モデル

れで発展してきたのですが，大体1990年代くらいから，これらを認知行動療法と総称し，大きな治療パッケージとして統合しようとする動きが盛んになりました。さらに現在の傾向としては，CBTの治療効果を実証的に明らかにしよう，すなわちエビデンスを示していこうという試みが積極的に行われています。また，特にベックの認知療法は，もともと医療領域におけるうつ病の治療法として発展してきたのですが，最近は教育や産業などさまざまな領域において適用しようとする動きがあります。

1-3　CBTの基本モデル

CBTが拠り所とする基本モデルは図1.1のとおりです。

CBTでは，クライアントさんの抱えている症状や問題を，このモデルに基づいて理解し，特に認知と行動の面から，介入のポイントを探っていきます。CBT導入後の最初の課題は，このモデルをクライアントさんと共有することだと言ってもよいでしょう。

このモデルでは，まず環境（状況や他者との関係）と当事者との相互作用を見ます。さらに当事者の体験を，①認知，②気分・感情，③身体反応，④行動，の4つの領域の循環的な相互作用のプロセスとして，把握していきます。環境と個人の相互作用，個人内の4つの領域の相互作用というように，二重に相互作用をとらえようとするのが，このモデルの特徴です。確かにCBTでは「認知」と「行動」を重視しますが，基本モデルに基づくアセスメントの段階では，認知と行動だけでなく，それらに関わる諸要因を全体的に把握することが重要です。

1-4　CBTの基本原則

CBTの基本原則は以下の6点です（詳しくは，参考文献8を参照）。文章だけ読むと抽象的

でわかりづらいかもしれませんが，模擬セッションをご覧になれば，これらの原則がどのように実践されているか，ご理解いただけるかと思います。

●基本原則1．常に基本モデルに沿ってクライアントさんの体験を理解する

　1番目の原則は，常に基本モデルに沿ってクライアントさんの体験を理解するということです。すべての体験を，常にこのモデルに沿って考える，というのがCBTの大原則です。

●基本原則2．セラピストとクライアントさんはチームを形成し，信頼関係を通じて，実証的見地から協同作業を行う：協同的実証主義

　2番目の原則は，セラピストとクライアントさんの関係性についてのものです。CBTでは，クライアントさんとセラピストはチームを形成し，実証的な見地から協同作業を行う，というふうに考えます。ベックの認知療法では，この考え方を「協同的実証主義」と呼んでいます。

　「実証的」というのは，あくまでもデータに基づいて話を進めていくという意味です。データとは客観的な数字のことだけを指すのではありません。クライアントさんの実際の体験そのものも，重要なデータとしてCBTでは扱います。要するに余計な解釈をせず，クライアントさんから報告されたデータを出発点にして，協同作業を進めていくのです。

●基本原則3．「今，ここの問題」に焦点を当て，その解決を目指す：問題解決志向

　3番目の原則は，CBTは「問題解決志向」であるということです。セッションでは，クライアントさんが今現在抱えている問題に焦点を当て，その解決を図っていきます。ただしそれは，過去の話を全く聞かないというのではありません。セッションで焦点づけする問題に関わる過去の話は，必要に応じてヒアリングします。

●基本原則4．心理教育を重視し，クライアントさん自身が自己治療やセルフカウンセリングできるようになることを目指す。さらにそれによる再発予防を目指す

　4番目の原則は，CBTが「心理教育（psycho-education）」を重視するということです。その目的は，クライアントさんが自己治療（self-therapy）できるようになること，自分で自分のカウンセリングができるようになることです。そして，そのことによって再発予防を目指すのです。

●基本原則5．毎セッション，そして初回から終結までの流れを，構造化する

　5番目の原則は，「構造化」についてです。「構造化」とは，簡単に言えば時間の流れに起承

転結をつけるということです。CBTでは，1回のセッションを構造化するだけでなく，初回から終結までの全体の流れも構造的にとらえ，所定の段階をたどって進めていきます。つまり全体の流れにおいても，1回のセッションにおいても，「今，何を目指して，何をやっているのか」という認識をセラピストとクライアントさんが共有しながら，段階的にセラピーを進めていくということです。

●基本原則6．カウンセリングにおける具体的目標を定め，その達成のために多様な技法をパッケージ化して活用する

6番目の原則は，技法に関することです。CBTには，いろいろな技法があるので，どうしても「はじめに技法ありき」のように思われやすいのですが，当然のことながら，重要なのは「何のために，その技法を使うのか」という目標が立てられているということです。カウンセリングで目指す目標を設定し，目標達成のために必要な技法を選んできてパッケージを作るという考え方をするのです。

1-5　CBTの基本技法

CBTのセラピストが習得すべき基本技法のうち，特に今回のDVDセッションに関わりのあるものを紹介します（詳しくは，参考文献8を参照）。

●基本技法1．双方向的なコミュニケーション

上記の原則で紹介した「協同的実証主義」を実現するために，セラピストはクライアントさんと，「双方向的で活発なコミュニケーション」を実施する必要があります。ただクライアントさんの話を傾聴するだけでなく，また一方的にアドバイスするのでもなく，必要に応じて心理教育的な説明をしたり，ソクラテス式質問法を使ってクライアントさんの体験を引き出したり，話を聞く必要があるときはきちんと傾聴したり……という柔軟でメリハリのきいたやりとりを，セッションでクライアントさんとの間に形成していくことが，CBTのセラピストに求められる基本技法です。

事例A～DにおけるすべてのDVDセッションで，この技法を観察学習することができます。

●基本技法2．アセスメントと心理教育

2番目の基本技法は，アセスメントと心理教育です。

CBTにおけるアセスメントの定義は，次のとおりです。「クライアントさん自身について，そしてクライアントさんが抱える問題，クライアントさんが置かれている状況などについて，

その経過と現状を，できるだけ多層的，全体的にとらえようとする手続きのこと」

ここでいうアセスメントとは，テキストによっては，「認知的概念化」とか「事例定式化」などと呼ばれています。しかし私は「アセスメント」というふうに端的に表現するほうがクライアントさんとも用語を共有しやすいのではないかと考えます。

CBTにおける心理教育の定義は，次のとおりです。「自分自身の抱える諸問題について，そしてCBTカウンセリングについて，クライアントさんの理解を深めるために実施される教育的コミュニケーションのこと」

この定義で大事なことは，CBTにおける心理教育の対象は2つあるということです。ひとつはクライアントさんが抱えている問題についての教育です。たとえばうつ病の事例であれば，うつ病やその治療についての教育的説明をセラピストがクライアントさんに対して行います。もうひとつが，CBTそのものについての教育です。CBTの目標や進め方についても教育的に伝えるのです。このCBTに関わる情報提供については，テキストによっては「ソーシャライゼーション」などと呼び，問題についての心理教育と区別されることもありますが，私はその両方が切り離せるものではないと考えますので，両方とも「心理教育」と端的に呼んでいます。

アセスメントにおいても心理教育においても重要なのは，クライアントさんから聴取した話に基づいて，それをCBTの基本モデルに沿って理解したり説明したりすることです。つまりクライアントさんが，CBTのモデルに沿って，自分の問題やその解決についての見通しを持てるように手助けするということです。

DVDセッション　事例Aの初回セッションでは，セラピストが，CBTについて具体的に心理教育的説明を行う場面が含まれています。事例Aの初回セッションの終わりから第2セッションにかけて，CBTのモデルに基づき，セラピストとクライアントさんが，クライアントさんの抱える問題を詳細にアセスメントしていくやりとりが展開されています。事例Aの第3セッションには，認知再構成法について心理教育的に説明する対話が含まれています。また事例Bの第4セッションでは，問題解決法という技法についてクライアントさんに心理教育する対話が行われています。事例Cの第2セッションでは，クライアントさんのパニック障害についてアセスメントされた内容を，確認するためのやりとりが行われています。さらに事例Cの第2セッションでは，パニック障害に対するCBTについて心理教育を行った後に，リラクセーション法について具体的に心理教育を行うためのやりとりが展開されています。事例Dの第2セッションでは，クライアントさんの強迫的な症状のアセスメントを精緻化していくためのやりとりが行われています。さらに事例Dの第2セッションでは，強迫性障害についての心理教育と，強迫性障害に対するCBT（特に曝露反応妨害法）についての心理教育も行われました。

●基本技法3．認知再構成法

　認知再構成法とは，過度にネガティブな気分・感情や不適応的な行動と結びついた認知（自動的な思考やイメージ）を同定し，さまざまな視点からその認知を検討することによって，代わりとなる新たな認知を自分で再構成するための技法です。情報量が多いため表を使うことが多く，「コラム法」「非機能的思考記録表」などと呼ばれることが多くあります（DVDセッションでは表（コラム）ではなく，私が開発した3つの図的ツールを用いて認知再構成法を実施しました。それらの図については第2章を参照）。うつ病に対するCBTでは，この技法が用いられることが多くあります。

　　DVDセッション　事例Aの第3セッション，第4セッションで，認知再構成法を実施しました。

●基本技法4．問題解決法

　問題解決法とは，生活や仕事における現実的な問題を解決するための心理学的な考え方とスキルを，クライアントさんに身につけていただくための技法です。現実的な問題を抱えており，それへの対処がうまくいかなくなっているクライアントさんに習得していただくと効果的です。

　　DVDセッション　事例Bの第4セッション，第5セッションで，問題解決法を実施しました。

●基本技法5．リラクセーション法（呼吸コントロール）

　気分的な不安緊張感や，身体的な不安緊張反応が強いクライアントさんに習得していただくのがリラクセーション法です。特に不安障害のクライアントさんによく適用されます。心理学的なリラクセーション法にはさまざまなものがありますが，その基本は呼吸のコントロールです。いわゆる腹式呼吸法を習得していただくだけで，上手にリラックスできるようになるクライアントさんは多くいらっしゃいます。

　　DVDセッション　事例Cの第2セッションで，腹式呼吸法の心理教育と練習を実施しました。

●基本技法6．曝露反応妨害法

　不安障害（パニック障害，強迫性障害，全般性不安障害，社会不安障害など）では，不安を中和するために回避行動を行っているクライアントさんが大勢いらっしゃいますが，回避をせずに不安が治まるのを体験していただくのが，いわゆる「曝露法（エクスポージャー）」です。なかでも，強迫性障害の方は，強迫観念によって生じた不安を中和するために，「手洗い」や「確認行為」といった強迫行為を行うことが多々あるのですが，その行為をやめて（反応妨害），不安に曝露してもらうのが，「曝露反応妨害法」です。曝露反応妨害法は，うまく導入できれば，強迫性障害のクライアントさんには非常に効果的です。

DVDセッション　事例 D の第 2 セッションで，曝露反応妨害法の導入のためのやりとりを実施しました。

　以上，今回の DVD セッションでは上記の技法を実施しましたが，私が特に強調したいのは，「基本技法 1．双方向的なコミュニケーション」と「基本技法 2．アセスメントと心理教育」です。この 2 つは CBT のセッションを効果的に進めていくための基礎になるものだからです。その他の技法は，今回の模擬セッションで使わなかったものも含めて，アセスメントや目標設定の結果，必要に応じて選択し実施するものですが，この 2 つの技法は，すべての CBT の事例において必ず実施されるべき基本中の基本だとお考えください。

第2章 セッションで用いたツール

　DVDセッションで用いた各種ツールについて，ここであらかじめ紹介しておきます。具体的な使い方については，セッションをご覧になり参考にしてください。各セッションで実際に書き込まれたツールについては，それぞれを解説する際に，その実例を提示します。

●セッション記録シート（書き込み式）（図2.1）
　セッションの内容を記録するためのシートです。クライアントさんの氏名，セッションの日時などの基礎情報を記入し，あとはセッションで話したことや気づいたことを記録するものですが，特徴としては，上部に前回のホームワーク（図中はHWと略）と今回のアジェンダを記入する欄があること，下部に次回に向けたホームワークと次回のアジェンダ案を記入する欄があることの2点が挙げられます。

　　DVDセッション　すべてのセッションでこの記録シートを使いました。

```
                    セッション記録シート
┌──────────────────────────────────────────────┐
│ 第___回面接         年 月 日（ ） 時間  ：  ～  ：    │
│ クライアント氏名：_____様  クライアントID：_____    │
│ 前回（第  回）面接日： 年 月 日（ ） 前回と今回の間隔：│
│ 担当者：         備考                              │
│ 面接区分：CBT・SMS・FU                             │
│ ┌──────────────────────────────────────────┐   │
│ │ 前回のHW，本日のアジェンダ（予定）              │   │
│ │                                            │   │
│ └──────────────────────────────────────────┘   │
└──────────────────────────────────────────────┘

┌──────────────────────────────────────────────┐
│ ┌──────────────────────────────────────────┐   │
│ │        今回のHW，次回のアジェンダ（予定）       │   │
│ │                                            │   │
│ └──────────────────────────────────────────┘   │
│ 次回予約　有・無                                   │
│ 次回（第  回面接）予約日  年 月 日（ ）  時～      │
│ 今回と次回の間隔：                                 │
│ 備考：                                            │
│           Copyright 洗足ストレスコーピング・サポートオフィス │
└──────────────────────────────────────────────┘
```

図2.1　セッション記録シート

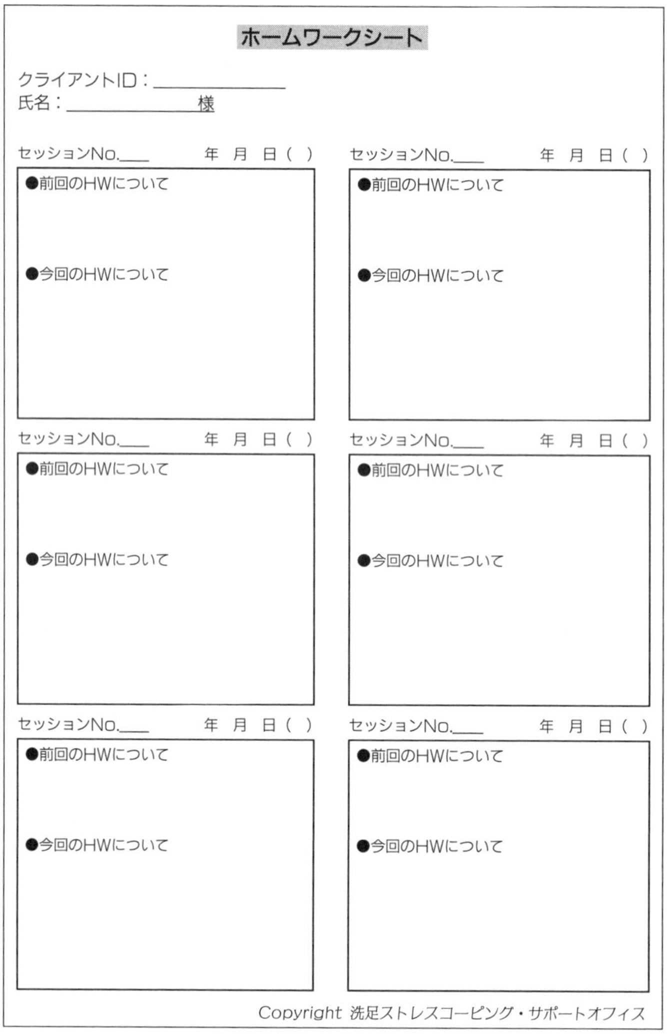
ホームワークシート

クライアントID：＿＿＿＿＿＿

氏名：＿＿＿＿＿＿様

セッションNo.＿＿　年　月　日（　）

●前回のHWについて

●今回のHWについて

セッションNo.＿＿　年　月　日（　）

●前回のHWについて

●今回のHWについて

セッションNo.＿＿　年　月　日（　）

●前回のHWについて

●今回のHWについて

セッションNo.＿＿　年　月　日（　）

●前回のHWについて

●今回のHWについて

セッションNo.＿＿　年　月　日（　）

●前回のHWについて

●今回のHWについて

セッションNo.＿＿　年　月　日（　）

●前回のHWについて

●今回のHWについて

Copyright 洗足ストレスコーピング・サポートオフィス

図2.2　ホームワークシート

●ホームワークシート（書き込み式）（図2.2）

CBTでは次の面接のときまでにクライアントさんに取り組んでいただく課題（すなわちホームワーク）を出します。ホームワークシートは，毎回のホームワーク課題を記入し，その結果を記入するためのシートです。これはセラピストとクライアントさんのそれぞれが持ち，ホームワークを設定したときに，それぞれが記入します。1枚に6セッション分のホームワークが書き込めるようになっています。設定したホームワークをこのように両者が記録することにより，ホームワークのし忘れを防止できますし，ホームワークシートを見るだけでCBTの進展具合が読み取れて便利です。

DVDセッション　すべてのセッションで，このホームワークシートを使いました。

構造的な認知モデル

認知療法・認知行動療法では，A.のようなモデルに基づいて，自分の体験を理解します。

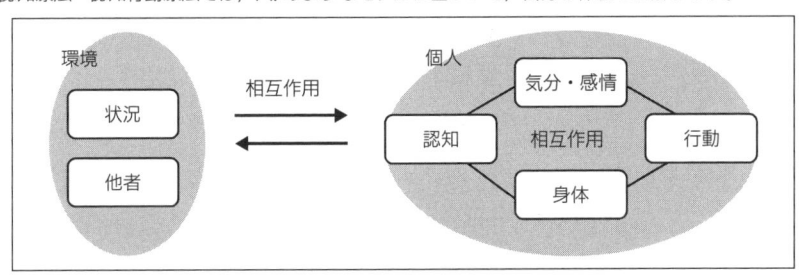

```
環境                        個人
┌─────┐                    ┌──────────┐
│ 状況 │  ←―相互作用―→    │気分・感情│
│     │                    │  認知  相互作用  行動│
│ 他者 │                    │    身体  │
└─────┘                    └──────────┘
```

A. 認知療法・認知行動療法の基本となる認知行動モデル

実は認知には「階層」があり，浅いレベルのものから深いレベルのものまでが，互いに関連しあいながら構造化されています。その構造をB.に示します。

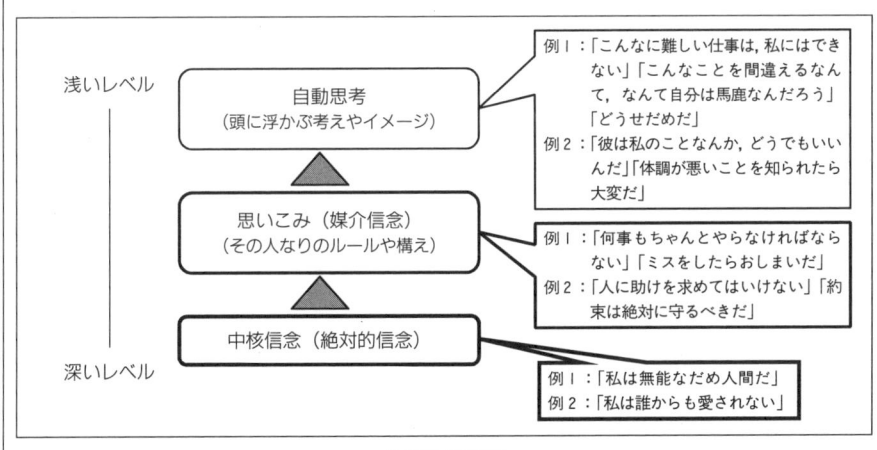

浅いレベル

自動思考
（頭に浮かぶ考えやイメージ）

例1：「こんなに難しい仕事は，私にはできない」「こんなことを間違えるなんて，なんて自分は馬鹿なんだろう」「どうせだめだ」
例2：「彼は私のことなんか，どうでもいいんだ」「体調が悪いことを知られたら大変だ」

▲

思いこみ（媒介信念）
（その人なりのルールや構え）

例1：「何事もちゃんとやらなければならない」「ミスをしたらおしまいだ」
例2：「人に助けを求めてはいけない」「約束は絶対に守るべきだ」

▲

中核信念（絶対的信念）

例1：「私は無能なだめ人間だ」
例2：「私は誰からも愛されない」

深いレベル

B. 認知の構造

　その時々の場面で頭に浮かぶ自動思考は，練習すると容易に把握できるようになりますが，その背景にある<u>思いこみ</u>や<u>中核信念</u>は，その人にとってあまりにも「当然」のことなので，客観的に把握することが難しい場合があります。逆に，思いこみや中核信念そのものが，自動思考として直接頭に浮かぶ場合もあります。自動思考に比べると，<u>思いこみ</u>や<u>中核信念</u>は修正するのに時間と手間がかかります。しかし自分のつらい気持ちや症状が，思いこみや中核信念から生じていることがわかった場合は，ある程度時間をかけて，それらの認知について検討し，対処法を見つけたり，認知の幅を広げたりする練習をすることが必要です。たとえ思いこみや中核信念を完全に変えることができなくても（また，その必要はありません），自分の思いこみや中核信念に気づき，自分の気持ちがつらい方向に向かわないように対応することができれば，大丈夫なのです。

Copyright 洗足ストレスコーピング・サポートオフィス

図2.3　構造的な認知モデル（説明シート）

● 「構造的な認知モデル」（心理教育用説明シート）（図2.3）

　CBT導入時に，CBTについて心理教育をする際に参照する説明用シートです。CBTの基本モデルと，階層的な認知についての説明モデルの2つが提示されています。A.の基本モデルについてはどのクライアントさんにも初回セッションで必ず説明しますが，B.の階層的な認知モデルについては，必要に応じて説明します。

　DVDセッション　事例Aの初回セッションで，このツールを活用しました。

● 日本版 BDI-Ⅱ（心理テスト）

ベックの抑うつ尺度（Beck Depression Inventory）の改訂版です。これは版権があるため，使用する際には購入しなければなりません（参考文献3を参照）。このテストは，抑うつ症状の程度や内容を把握するときに非常に便利です。実施時間もさほどかかりません。また継続的に実施すれば，クライアントさんの抑うつレベルの変化がある程度客観的に把握できます。

DVDセッション　事例Ａの初回セッションでBDI-Ⅱをセッション中に実施し，説明を行っています。事例Ａでは，このテストを毎回のセッションの直前に実施することが，初回セッションで合意されました。

| BDI-Ⅱ記録用紙 |

氏名：＿＿＿＿＿＿＿＿＿＿＿様　ID：＿＿＿＿＿＿＿＿＿＿

実施日										
Q1 悲しさ										
Q2 悲観										
Q3 過去の失敗										
Q4 喜びの喪失										
Q5 罪責感										
Q6 被罰感										
Q7 自己嫌悪										
Q8 自己批判										
Q9 自殺念慮										
Q10 落涙										
Q11 激越										
Q12 興味喪失										
Q13 決断力低下										
Q14 無価値感										
Q15 活力喪失										
Q16 睡眠習慣の変化										
Q17 易刺激性										
Q18 食欲の変化										
Q19 集中困難										
Q20 疲労感										
Q21 性欲減退										
合計値										

Copyright 洗足ストレスコーピング・サポートオフィス

図2.4　BDI-Ⅱ記録用紙

● **BDI-Ⅱ 記録用紙（書き込み式）（図2.4）**

　BDI-Ⅱの結果を記録するための用紙です。10回分の結果が記録できるようになっています。自殺企図の危険性をある程度予測できる2番の項目（悲観）と9番の項目（自殺念慮）は網掛けになっています。BDI-Ⅱの結果をこのような記録用紙に記録しておくことで，変化を把握しやすくなります。

　DVDセッション　事例Aの初回セッションで，この記録用紙を使いました。その後の使い方について相談し，事例Aではクライアントさんが直前にテストの結果をこの用紙に書き込み，セッション開始時にセラピストがそれを転記させてもらうことで合意されました。したがって，事例Aの第2セッション，第3セッション，第4セッションの冒頭で，この用紙が登場しています。

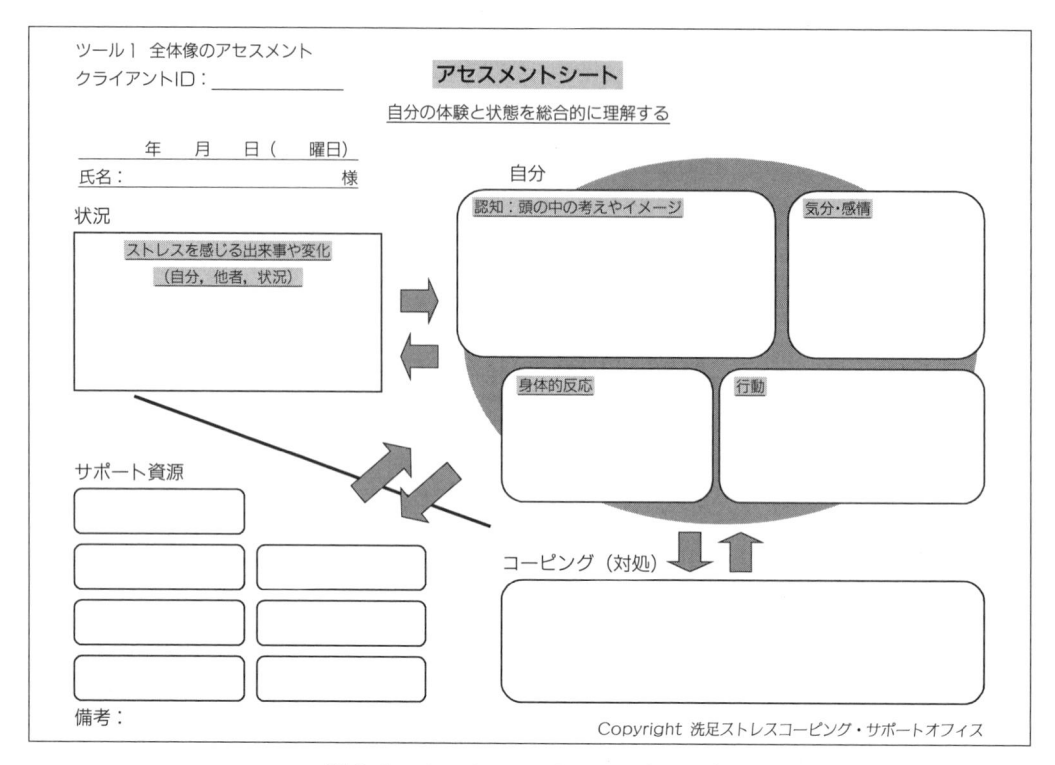

図2.5　ツール1：アセスメントシート

● ツール1：アセスメントシート（書き込み式）（図2.5）

クライアントさんが抱える問題の全体像やクライアントさんの体験を把握するためのアセスメントシートです。いわゆる「事例定式化（case formulation）」のためのツールとも言えます。セラピストが記入する場合もあれば，クライアントさんが記入する場合もありますが，記入したものはコピーして共有します。

DVDセッション　事例Aの初回セッションで，このツールについてクライアントさんに説明しています。また事例Aの第2セッションで，セラピストはクライアントさんから話を聞きながら，このツールへの書き込みを行いました。事例B，C，Dでは，事前にアセスメントを実施し，このツールが出来上がっていることを前提にセッションを撮影しましたが，事例Dでは，一度出来上がっているツールを再度検討し，セッション中に加筆しています。

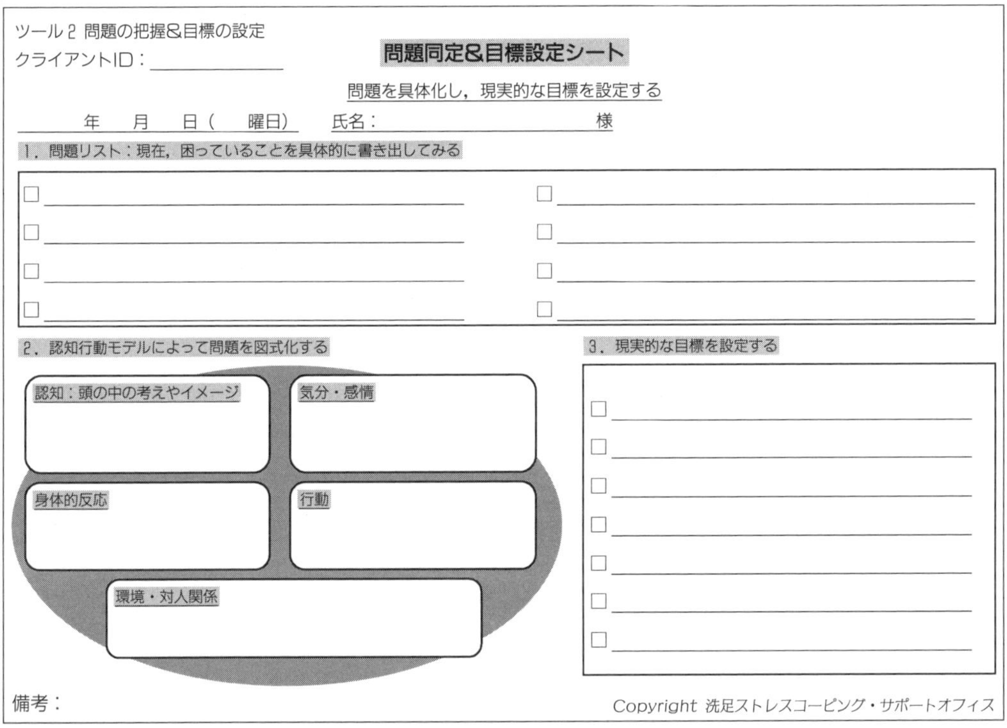

図2.6 ツール2：問題同定＆目標設定シート

●ツール2：問題同定＆目標設定シート（書き込み式）（図2.6）

　まずこのツールを用いて，アセスメントによって同定された悪循環から，その悪循環を維持させているポイントを見つけ，それをCBT的な表現で再定義します。必要であれば，再定義された問題を，再度このツール2の左下部の循環図で確認します。最後に，CBTにおける目標（すなわち治療目標，面接目標）をリスト化します（ツール2の右下部）。基本的にはここで設定された目標に合致する技法を選択し，CBTは実践段階へと入ります。その意味では，このツール2を用いて行う問題の同定や目標の設定という作業は，その後の方向性を決めるためのものですから，非常に重要です。

　　DVDセッション　事例Aの第2セッションの後半で，問題の同定や目標の設定について話し合い，このツールに書き込みました。また，事例Bでは，すでにこのツールが完成していることを前提に問題解決法にチャレンジしました。なお，不安障害の2事例（事例C，事例D）では，このツールを作成しないままセッションを進めています。典型的な不安障害の場合，問題や目標はおのずと決まってくるので，アセスメントさえしっかり出来れば，あえて問題の同定や目標設定のためのセッションを設けなくても，技法の導入が可能だからです（詳細は第9章，第10章を参照）。しかし丁寧にCBTを進めていく余裕があれば，やはりこのツール2を作成するほうが流れとしては確実だと思います。

```
ツール3 特定場面のアセスメント                    自動思考同定シート
クライアントID：＿＿＿＿＿＿＿
                                        特定の場面における自分の体験を具体的に理解する
    年  月  日（  曜日）   氏名：                              様
```

1．具体的場面：最近，ひどくストレスを感じた出来事や状況を1つ選び，具体的に記述する

● いつ？　どこで？　誰と？　どんな状況で？　どんな出来事が？　（その他何でも……）

2．自分の具体的反応：1の具体的場面における自分の体験を，認知行動モデルにもとづいて理解する

気分・感情とその強度（％）　　　　　　　　認知（考え・イメージ）とその確信度（％）：そのとき，どんなことが頭に浮かんだろうか？

□ ＿＿＿＿＿（　　％）　　　　　　　　　□ ＿＿＿＿＿＿＿＿＿＿＿＿＿＿＿＿＿＿＿＿＿＿＿＿（　　％）
□ ＿＿＿＿＿（　　％）　　　　　　　　　□ ＿＿＿＿＿＿＿＿＿＿＿＿＿＿＿＿＿＿＿＿＿＿＿＿（　　％）
□ ＿＿＿＿＿（　　％）　　　　　　　　　□ ＿＿＿＿＿＿＿＿＿＿＿＿＿＿＿＿＿＿＿＿＿＿＿＿（　　％）
□ ＿＿＿＿＿（　　％）　　　　　　　　　□ ＿＿＿＿＿＿＿＿＿＿＿＿＿＿＿＿＿＿＿＿＿＿＿＿（　　％）

※気分・感情とは，「不安」「悲しい」「怒り」「緊張」など，　※ある特定の場面において瞬間的に頭に浮かぶ考えやイメージを，『自動思考』といいます。認知療法・
端的に表現できるのが，その特徴です。　　　　　　　　認知行動療法では，否定的感情と相互作用する自動思考を把握し，自動思考への対応の仕方を習得します。はじめは自動思考を把握するのが難しいかもしれませんが，過度に否定的な感情が生じたときに，
　　　　　　　　　　　　　　　　　　　　　　　　　「今，どんなことが頭に浮かんだのだろうか？」「たった今，自分の頭をどんなことがよぎっただろうか？」
　　　　　　　行動・身体的反応　　　　　　　　　　と自問することで，自動思考を容易に把握できるようになります。

備考：
　　　　　　　　　　　　　　　　　　　　　　　　　　　　　Copyright 洗足ストレスコーピング・サポートオフィス

図2.7　ツール3：自動思考同定シート

●ツール3：自動思考同定シート（書き込み式）（図2.7）

　CBTの二大技法のひとつである認知再構成法で用いるツールです。認知再構成法ではストレスを受けた場面を特定し，そのときの気分・感情と自動思考を同定し，その強度や確信度を評価することが第一段階です。その際に用いるのがこのツール3です。認知再構成法の成否は，あるストレス場面をきちんと切り取って，そのときに生じたリアルな自動思考を同定できるかどうかにかかっているといっても過言ではありません。したがって，このツール3での同定作業が十分にできるようになってから，次に進む必要があります。またこのツール3には，そのときの身体的反応や行動を書き込む欄も提示されており，ある状況における「認知」「気分・感情」「行動・身体的反応」が循環的に把握できるようにもなっています。その意味ではこのツール自体は，特定の場面におけるアセスメントのためにも使うことができます。

　DVDセッション　事例Aの第3セッションで，認知再構成法について心理教育的説明を行った後に，このツールを使って場面，気分・感情，自動思考の同定作業をしました。

第2章 セッションで用いたツール　17

| ツール4 自動思考の検討 | **自動思考検討シート** |
| クライアントID：＿＿＿＿＿＿＿＿ | 否定的感情と関連する自動思考について検討する |

　　　年　　月　　日（　曜日）　　氏名：　　　　　　　　　　　　　　　　様

1．具体的場面：最近，ひどくストレスを感じた出来事や状況を1つ選び，具体的に記述する

●いつ？　どこで？　誰と？　どんな状況で？　どんな出来事が？　（その他何でも……）

2．気分・感情とその強度（％）　　3．自動思考（考え・イメージ）とその確信度（％）

＊＊＊

4．自動思考の検討：さまざまな角度から，自動思考について考えてみる

自動思考がその通りであるとの事実や根拠（理由）は？	最悪の場合どんなことになる可能性があるか？	他の人なら，この状況に対してどんなことをするだろうか？
自動思考に反する事実や根拠（理由）は？	奇跡が起きたら，どんなすばらしいことになるか？	この状況に対して，どんなことができそうか？
自動思考を信じることのメリットは？	現実には，どんなことになりそうか？	もし＿＿＿＿（友人）だったら何と言ってあげたいか？
自動思考を信じることのデメリットは？	以前，似たような体験をしたとき，どんな対処をしたか？	自分自身に対して，どんなことを言ってあげたいか？

※否定的感情と関連する自動思考を把握したら，その自動思考について，まずは上の問に対して具体的に回答してみます。このように自動思考を，さまざまな角度から検討することが認知療法・認知行動療法では重要なのです。自分のつらい気持ちに気づいたら，このシートに記入して，自動思考を検討してみましょう。

備考：　　　　　　　　　　　　　　　　　　　　　　　Copyright 洗足ストレスコーピング・サポートオフィス

図2.8　ツール4：自動思考検討シート

● **ツール4：自動思考検討シート（書き込み式）（図2.8）**

　認知再構成法の第2段階で用いるのが，このツール4です。ツール3を用いてストレス場面におけるリアルな自動思考を同定できるようになったら，次の段階では，検討の対象とする自動思考を選択します。その選択された自動思考について，さまざまな視点から考えるためのツールがこのツール4です。ツール4には，12の質問が記入されています。丁寧にこのツールを使うのであれば，各質問についてブレインストーミングし，それを別紙に記入します。そのなかで気に入ったもの，自動思考とは異なる新たな考えの案出に役立ちそうなものを選んで，ツール4の各質問への回答欄に記入するとよいでしょう。

　DVDセッション　事例Aの第3セッションで，このツールについて説明しています。また事例Aの第4セッションで，このツール4を用いて，クライアントさんの自動思考を一緒に検討し，その結果をクライアントさん自身がツール4に記入していきました。

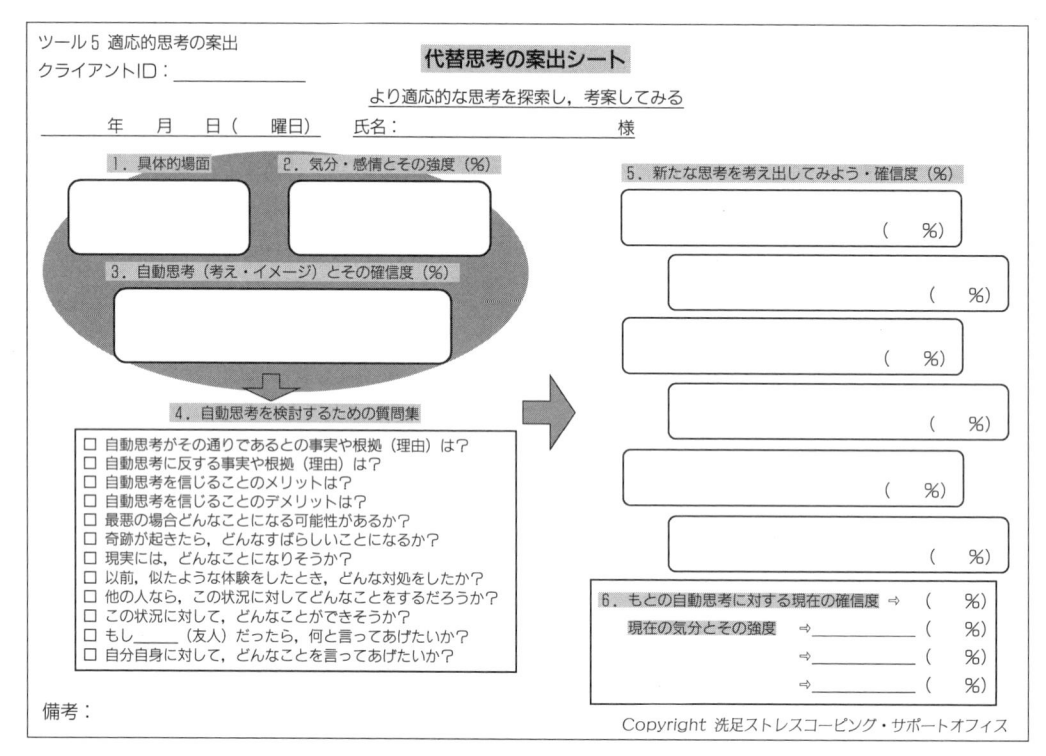

図2.9 ツール5：代替思考の案出シート

● ツール5：代替思考の案出シート（書き込み式）（図2.9）

　ここで紹介する認知再構成法のためのツールは全部で3つありますが，このツール5が最後の3番目のツールです。ツール4に記載された文言を素材にして，このツール5の右側のリストに，新たな考えをいくつかまとめていきます。そして新たな考えに対する確信度も記入します。最後に一連の認知再構成法の効果を検証するために，もとの自動思考や気分の確信度や強度を記入します。もとの自動思考や気分の確信度や強度が下がり，過度にネガティブではない別の気分が生じていれば，一連の認知の再構成の手続きは，「効果があった」とみなすことができます。

　しかし，いつまでもツール3，4，5の3枚を使って認知再構成法を実施するのは，非常に手間がかかります。クライアントさんがこの技法に慣れてくると，ツール3，4は使わずに，ある程度頭の中で作業を行いながら，このツール5だけを用いて認知の再構成をすることが可能になります。その意味でこのツール5は，認知再構成法の簡易ツールでもあると言えるでしょう。

　DVDセッション　事例Aの第4セッションで，このツールを部分的に使いました。時間の関係で，今回のセッションでは，このツールをきっちり作成するところまでは撮影できませんでした。しかし第4セッションをご覧いただければ，このツールの使い方について十分ご理解いただけると思います。

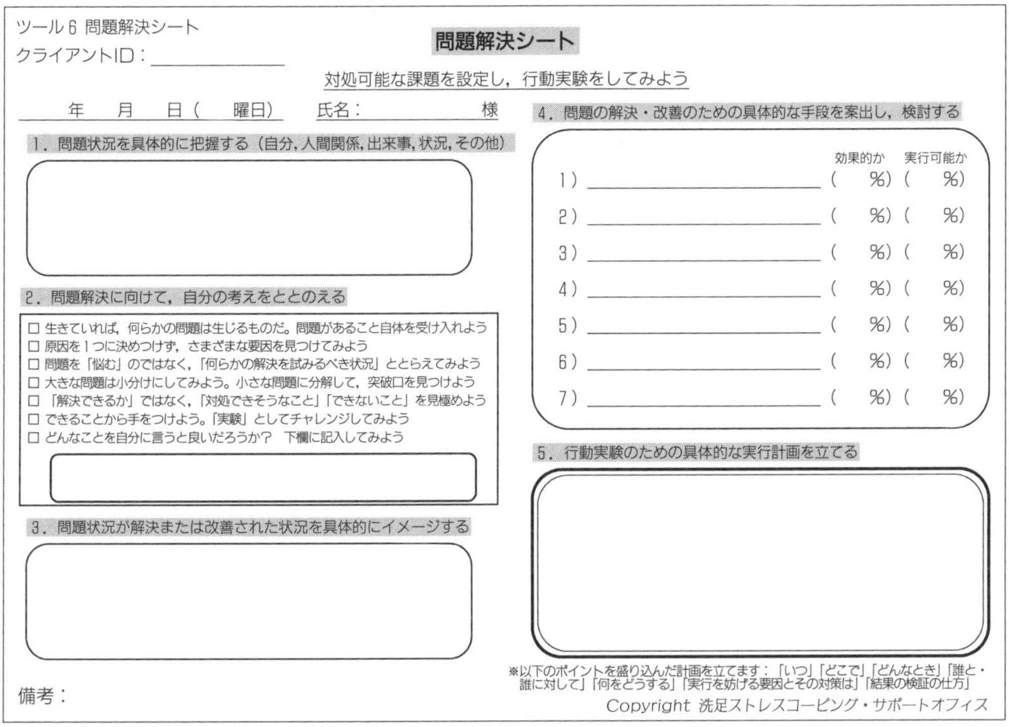
ツール6 問題解決シート
クライアントID：＿＿＿＿＿＿

問題解決シート

対処可能な課題を設定し，行動実験をしてみよう

年　月　日（　曜日）　氏名：　　　　様

1．問題状況を具体的に把握する（自分，人間関係，出来事，状況，その他）

2．問題解決に向けて，自分の考えをととのえる

□ 生きていれば，何らかの問題は生じるものだ。問題があること自体を受け入れよう
□ 原因を1つに決めつけず，さまざまな要因を見つけてみよう
□ 問題を「悩む」のではなく，「何らかの解決を試みるべき状況」ととらえてみよう
□ 大きな問題は小分けにしてみよう。小さな問題に分解して，突破口を見つけよう
□ 「解決できるか」ではなく，「対処できそうなこと」「できないこと」を見極めよう
□ できることから手をつけよう。「実験」としてチャレンジしてみよう
□ どんなことを自分に言うと良いだろうか？　下欄に記入してみよう

3．問題状況が解決または改善された状況を具体的にイメージする

4．問題の解決・改善のための具体的な手段を案出し，検討する

		効果的か	実行可能か
1）	＿＿＿＿	（　%）	（　%）
2）	＿＿＿＿	（　%）	（　%）
3）	＿＿＿＿	（　%）	（　%）
4）	＿＿＿＿	（　%）	（　%）
5）	＿＿＿＿	（　%）	（　%）
6）	＿＿＿＿	（　%）	（　%）
7）	＿＿＿＿	（　%）	（　%）

5．行動実験のための具体的な実行計画を立てる

※以下のポイントを盛り込んだ計画を立てます：「いつ」「どこで」「どんなとき」「誰と・誰に対して」「何をどうする」「実行を妨げる要因とその対策は」「結果の検証の仕方」

備考：

Copyright 洗足ストレスコーピング・サポートオフィス

図 2.10　ツール 6 ：問題解決シート

●ツール 6 ：問題解決シート（書き込み式）（図 2.10）

CBT の二大技法のひとつである問題解決法で用いるツールです。現在抱えている具体的な問題を表現する欄，問題解決に役立つ規範的認知が記載されている欄，具体的な目標イメージを記入する欄，目標達成のための具体的手段を書き出し，各手段の有効性と実行可能性を記入する欄，行動実験のための実行計画を記入する欄で構成されています。ポイントは，大きな問題をそのまま扱うのではなく，たった1枚のツールで扱える程度に問題を分解して，それぞれの問題に対してそれぞれのシートを使うということです。また手段の案出欄には，7つしか書き込めないようになっていますが，これも丁寧に行うには，別紙でブレインストーミングを行い，その中から有用性や実行可能性の高いものを7つ選んで，このツールに記入するとよいでしょう。

そして私が強調したいのは，この技法を通じて個々の問題を解決するだけでなく，このような手続きを繰り返すことによって，クライアントさん自身の問題解決スキルが向上することの重要性です。

DVDセッション　事例 B の第 4 セッション，第 5 セッションで，問題解決法に取り組む際，このツールを活用しました。ツールにはクライアントさん自身が記入しました。

```
┌─────────────────────────────────────────────────────────────────┐
│                    リラクセーション法マニュアル                   │
│ リラクセーション法とは？…人はストレス状況に対して，心身の緊張という反応を起こします。過度の緊張が長く続  │
│ くことにより，心や身体にさまざまなストレス反応が生じ，それが様々な症状につながってしまうことが多くみられ │
│ ます。リラクセーション法を身につけることで，ストレス反応を自分で予防したり，緩和したりすることができるよ │
│ うになります。                                                    │
│                                                                 │
│              ┌─────────┐ 心身の過緊張の持続 ┌─────────┐          │
│              │ストレス状況│──────────────→│ストレス反応│          │
│              └─────────┘                  │ストレス症状│          │
│                        自分でできる予防と緩和 └─────────┘          │
│                         ↖           ↗ 自分でできる予防と緩和       │
│                        ┌─────────────┐                          │
│                        │リラクセーション法│                        │
│                        └─────────────┘                          │
│                                                                 │
│ 1．リラックスするための姿勢：姿勢を少し工夫するだけで，リラックスできます │
│    ①みぞおち（下腹部）と両足の裏を意識して，重心を下半身に置きます。    │
│    ②両肩の力をストンと抜きます（抜きづらいときは，一度両肩を持ち上げてから力を抜きます）。│
│    ③両腕の力も抜きます。手のひらを上に向けて，手の甲を身体のわきに置くか，腿の上に置きます。│
│    ④顎を引きぎみにします。胸が反らないように注意します。              │
│    ⑤軽く目を閉じます。                                           │
│                                                                 │
│ 2．リラックスするための腹式呼吸                                    │
│    ①上記1の「リラックスするための姿勢」を保ちます。                  │
│    ②ため息をつくように，一度息を全部吐ききります。                    │
│    ③鼻から，息を少しだけ吸い込みます（鼻水をすすりあげる要領で）。       │
│    ④一度，息を軽く止めます。                                      │
│    ⑤口から，先ほど吸った息を，細く長く少しずつ吐いていきます。          │
│    ⑥吐ききったら，「少しだけ鼻から吸う ⇒ 軽く止める ⇒ 口から細く長く吐く」を何回か繰り返します。リラッ│
│      クスしようと張り切るのではなく，心身の反応を受け身的に感じてください。 │
│                                                                 │
│ 3．自律訓練法：上級リラクセーション法                               │
│    ※上記1，2を身につければ，十分リラックスすることができますが，その上級編として「自律訓練法」という自│
│      己催眠法があります。これは，正しいやり方を正しい練習によって身につける必要がありますので，興味のあ │
│      る方は，担当カウンセラーに相談したうえで一緒に練習してみてください。 │
│                                                                 │
│ 4．アロマテラピー：最近注目されているリラクセーション法                │
│    ※「芳香療法」とも呼ばれます。自然の植物などを濃縮した精油（アロマオイル）を鼻と皮膚から吸い込むこと │
│      で，心身に影響を与えます。特にリラクセーション効果が高いものとしては，ラベンダーが有名です。当機関 │
│      でも簡単な用具は用意してありますので，興味のある方は担当カウンセラーに相談したうえで，一緒に体験し │
│      てみてください。                                             │
│                         Copyright 洗足ストレスコーピング・サポートオフィス│
└─────────────────────────────────────────────────────────────────┘
```

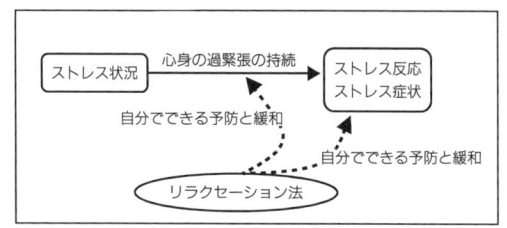

図2.11　リラクセーション法マニュアル（説明シート）

●リラクセーション法マニュアル（心理教育用説明シート）（図2.11）

　不安障害のクライアントさんや，心身の不安緊張症状を訴えるクライアントさんには，リラクセーション法を練習していただくことがよくありますが，その際に参照する心理教育的説明のためのシートです。実際にはこのシートを渡して説明したのち，セッションで一緒に練習し，ホームワークで練習を続けてもらい，その効果を検証するという丁寧な手続きが必要です。

　DVDセッション　事例C（パニック障害）で，不安緊張をある程度マネジメントするための方法として，このツールを提示し，呼吸コントロール（腹式呼吸法）の練習をしました。

　以上，今回撮影したセッションで用いたツールについて紹介しました。模擬セッションはCBTの典型的なセッションを撮ったものですから，実際にここで紹介したツールは，ふだん私たちがCBTを実践する際に日常的に用いているものです。今後も，「たかがツール，されどツール」ということで，やはり，より使いやすく役に立つツールを開発していきたいと考えています。専門家やユーザーの方々と意見交換できると幸いです。

第3章 認知行動療法の導入

〈事例A 初回セッション〉

本章では,事例A初回セッションについて解説します。

私(伊藤)とは別のインテーカーが簡単なインテーク面接を実施したその1週間後に,この初回セッションを実施した,という設定で行いました。インテーク面接で聴取した(とする)情報を以下に記載します(図3.1)。この情報に基づいて,初回セッションを実施しました。

インテーク面接報告書

- インテーク面接実施年月日:2004年11月26日 (担当:○○)
- クライアント氏名:田中洋子(タナカヨウコ)様
- 性別:女性
- 生年月日・年齢:1970年9月25日生(満34歳)
- 連絡先住所・電話番号・メールアドレス:○○○○○○
- 職業:専門学校事務職員。勤続8年。結婚して現勤務先に転職とのこと。
- 家族構成:夫と2人暮らし(結婚して9年)。実家は千葉市で,両親と兄夫婦とその子どもが2人いる。夫は会社員。
- 主訴:うつ。主な症状:気分の落ち込み,自分を責めてしまう,不眠,その他。メンタルクリニックの医師からは「典型的なうつ病」と言われた。早く良くなりたい。うつのまま仕事や生活を続けるのはつらいから。でも仕事は休みたくない。
- 経過:もともと仕事や職場に関わるストレスが多かった。例:急な残業,人間関係など。04年10月,同僚が退職し業務量が増加した。その元同僚(女性)とは仲が良かった。彼女がいなくなったことも大きかった。その後気分が不安定になり,どんどん落ち込み,脱け出せなくなり,自分でもおかしいと思い始めた。11月,メンタルクリニックを受診し,「うつ病」と言われ,「やはりそうか」と思った。薬物療法を開始して,持ち直した。CBTは主治医の勧めによる。
- 紹介元:○○メンタルクリニック。○○医師。紹介状あり。処方;パロキセチン30mg(夕食後)。
- 認知行動療法カウンセリングに望むこと:主治医に勧められて興味を持った。CBTについて詳しいことは知らない。今の状態から抜けられるなら,何でもやりたい。
- 担当者・曜日・時間・ペース:金曜日,19時からの枠を希望。できれば週に1度のペースを希望(早く進めたいから)。担当者;伊藤。初回:2004年12月3日(金)19時〜

図3.1 事例A インテーク情報

3-1　事例 A 初回セッションの全体の流れ

事例 A 初回セッションでは，以下の項目について順番に対話が行われました。

①インテーク情報の確認と CBT 開始の意思確認
②CBT についての心理教育
③うつ病と CBT についての心理教育
④CBT の全体の流れ（初回から終結まで）についての心理教育
⑤CBT の 1 回のセッションの進め方についての心理教育
⑥アジェンダの設定
⑦抑うつ症状の主観的評定
⑧抑うつ尺度（BDI-II）を用いた客観的評価
⑨CBT の基本モデルに基づくアセスメントの開始
⑩セッションのまとめ

以下，各パート（①～⑩）について，簡単な解説を加えていきます。

3-2　インテーク情報の確認と CBT 開始の意思確認

　私は初回セッションの冒頭でまず自己紹介し，初回セッションでは主に認知行動療法について説明したり質問を受けたりするということを伝えたうえで，インテーク面接で聴取された情報について確認しました。このときのポイントは，情報をただ単に確認するだけではなく，確認のためのやりとりを通じて，セラピストとクライアントさんの双方が対話に慣れていくことです。セラピストも初対面のクライアントさんとお会いするときには当然緊張しますが，初回セッションに対するクライアントさんの不安や緊張はその何倍，何十倍にもなるでしょう。したがって，できるだけ最初の段階で「このセラピストであれば，一緒にやっていけそうだ」と思っていただけるよう，非言語的な面を含めてコミュニケーションには細心の注意を払います。
　事例 A の初回セッションでは，大体 5 分ほどかけてインテーク面接での情報が「そのとおりである」と確認できたので，早速「認知行動療法について少し説明をさせてください」と言って，次の段階に入りました。が，インテーク情報にかなりの追加や修正がある場合は，もっと時間がかかる場合もあるでしょう。インテーク情報は，事実関係についての重要な情報を含みますから，追加や修正がある場合は，ある程度時間をかけてでもきちんと聴取しておくほう

がよいと思います。

3-3 CBTについての心理教育

　事例A 初回セッションでは次に，認知行動療法について大雑把に心理教育を行いました。まず心理教育用のツール（「構造的な認知モデル」第2章の図2.3を参照）を見せながら，CBTの基本モデルについておおまかに説明しました。すなわちCBTでは，環境と個人の相互作用を見ることと，個人の体験を，「認知」「行動」「感情」「身体」の4領域の相互作用として見ることについてお話ししたのです。この時点では田中さん（事例Aのクライアントさん）の抑うつ症状がどういうものか，ほとんどわかっていませんから，モデルの説明も大雑把なものにとどめます。

　ここで重要なのは，セラピストの発言に対するクライアントさんの反応を丁寧に確かめていくということです（これは初回セッションに限りませんが，初回セッションでは特に重要です）。ここでは私が「大丈夫ですか？　わかりづらいところとか（ありませんか？）」と聞いたことによって，田中さんが「認知」について質問してくれました。心理教育を実施する際は，セラピストはあまり一気にしゃべりすぎないようにして，少し話してはクライアントさんの理解を確かめ，また少し話したら理解を確かめ……というように，こまめに確認しながら話を進めていきます。CBTのモデルや進め方についての話は，クライアントさんには「初耳」である場合が多いですから，とにかく少しずつ進めていくことが必要です。

　次に私は，「『認知行動療法』がなぜ認知と行動に焦点を当てるのか」ということについて，やはり大雑把に説明しました。直接的なコントロールが難しい「環境」「気分・感情」「身体」に比べたら，「認知」と「行動」は比較的選択や工夫がしやすいといったことを簡単に述べました。

3-4 うつ病とCBTについての心理教育

　次のパートでは，うつ病とCBTの関係について説明しました。このとき私が田中さんにお見せしたのが，うつ病に対する薬物療法や認知療法の効果，そして再発率について記載された資料です（参考文献10を参照）。つまりエビデンスを提示したということになります。私は田中さんと一緒に資料を見ながら，特にCBTのうつ病に対する再発予防効果について強調しました。

　それに対して田中さんは，再発率が高いことに対する不安を述べ，CBTについて「やらなきゃ駄目だ」と語りました。私は「やらなきゃ駄目だ」という考えがプレッシャーになるので

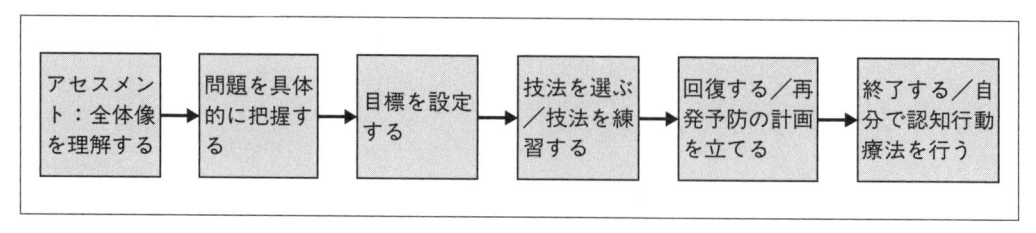

```
┌─────────┐  ┌─────────┐  ┌─────────┐  ┌─────────┐  ┌─────────┐  ┌─────────┐
│アセスメン │→ │問題を具体│→ │目標を設定│→ │技法を選ぶ│→ │回復する／│→ │終了する／│
│ト：全体像│  │的に把握す│  │する      │  │／技法を練│  │再発予防の│  │自分で認知│
│を理解する│  │る        │  │          │  │習する    │  │計画を立て│  │行動療法を│
│         │  │          │  │          │  │          │  │る        │  │行う      │
└─────────┘  └─────────┘  └─────────┘  └─────────┘  └─────────┘  └─────────┘
```

図3.1　CBT 全体の流れ

はないかと少々心配になったので，そのことについて聞いてみたところ，「今はプレッシャーには思わない」という返答が得られました。

このように病気やその治療について心理教育を行う際は，できれば何らかの資料を見せながらのほうがよいでしょう。セラピストが直接クライアントさんに話すと，「宣告」のような感じになってしまいますし，実際にはアセスメントの作業をしていないので，一般論は伝えられるけれども，そのクライアントさんがどうかということは，この時点ではきちんとお話しできないからです。ですから「一般的にはこう言われています」「一般的にはこういうデータが出ています」というレベルで話をするわけですが，その場合，本や雑誌などの印刷物があるとうまく伝わりやすいようです。

3-5　CBTの全体の流れ（初回から終結まで）についての心理教育

次に私は認知行動療法の全体の流れについて，田中さんに説明しました。これは今後，「私と田中さんとのCBT」がどういうふうに進んでいくか，という見通しを伝えることでもあります。これもただ口頭で伝えるのではなく，説明をしながら，記録用紙に全体の流れを書き込んで，それを同時に見ていただきました（図3.1参照）。もちろんこれは後でコピーしてクライアントさんにも渡します。

ここでの説明のポイントは，まずそのクライアントさんの主訴を理解するために，「アセスメント」の作業が重要であると強調することです。クライアントさんのなかには，「早く何とかしてほしい」「早く技法を練習してみたい」と強くおっしゃる方もいますが，その方なりの問題の全体像をCBTのモデルに沿って具体的に把握できない限り，介入は無理です。田中さんは比較的あっさりとこの流れについて理解してくれましたが，「早く進みたい」と焦り気味のクライアントさんには，「アセスメントの作業を丁寧に行うこと自体がCBTを進めるということです。アセスメントをしっかりと行っておくことで確実な技法を選べますし，技法の効果も上がるんですよ」と説明するようにしています。

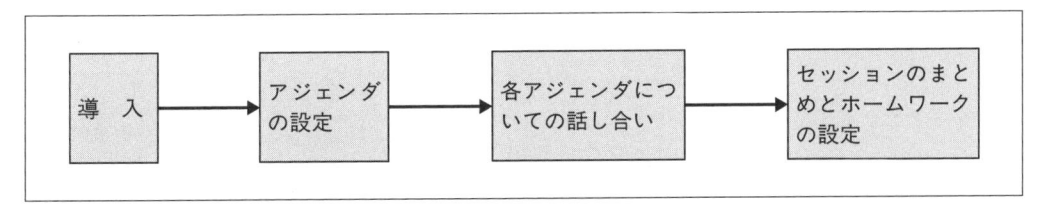

```
┌─────────────────────────────────────────────────────────────────────┐
│  ┌─────┐    ┌──────────┐    ┌──────────────┐    ┌──────────────┐   │
│  │導 入│ →  │アジェンダ│ →  │各アジェンダにつ│ →  │セッションのまと│   │
│  │     │    │の設定    │    │いての話し合い│    │めとホームワーク│   │
│  │     │    │          │    │              │    │の設定        │   │
│  └─────┘    └──────────┘    └──────────────┘    └──────────────┘   │
└─────────────────────────────────────────────────────────────────────┘
```

図3.2 CBT の1回のセッションの流れ

　このように最初にCBTの全体の流れを提示することはとても役に立ちます。今後進めていくなかで，「今，どこまで進んでいるか」という現状認識を共有できますし，「いつかは回復して終了できるのだ」ということを伝えてもいるので，この説明によってホッとするクライアントさんは少なくないようです。

　次に私は，現時点では田中さんとのセッションが何回かかるかわからないが，という前置きをしたうえで，終結までの回数について，田中さんの希望をうかがいました。この質問も重要です。クライアントさんの要望は実にさまざまで，「できるだけ早く終わりたい」という方もいれば，「時間をかけてじっくりと取り組みたい」という方もいらっしゃいます。また特にカウンセリングとしてCBTを実施する場合は，「CBTにも取り組みたいが，話も聞いてもらいたい」と要望するクライアントさんはとても多くいらっしゃいます。その場合，各セッションに「フリートーク」というアジェンダを設けて，その時間帯はクライアントさんに自由に語ってもらったりするのですが，そのような時間を取れば，当然CBTとしての進行はゆるやかなものになります。そのようなことも説明したうえで，クライアントさんの要望をあらかじめ把握しておくのです。田中さんの場合，「基本的には早く進めるほうがいい」とのことでした。

3-6　CBTの1回のセッションの進め方についての心理教育

　次に私は図3.2のような書き込みをしながら，CBTの1回のセッションの流れについて説明しました。
　ここでクライアントさんに伝えたいのは，1回の流れそのものだけでなく，どうして流れが決まっているのかという，つまりセッションの構造化の意味についてです。セッションの時間には限りがありますから，それを有効に，そして互いに気分よく使っていくために，このような構造化が必要なのだということが伝わればよいでしょう。
　特に強調するのが，「アジェンダの設定」と「ホームワーク」についてです。初回セッションのアジェンダは，実質的にはセラピストが決めてしまうようなものですが，次回すなわち第2セッション以降は，セッションの冒頭でセラピストとクライアントさんは協力してアジェンダを設定する必要があります。そのためにも，あらかじめ「アジェンダの設定」ということを

毎回やるのだということを，伝えておく必要があります。

ホームワークについても，どのような意義や目的があるのかということも含めて説明します。が，クライアントさんの大半は元気がありませんから，ホームワークの説明を聞くと不安を示す方が多いです。「どんなのが出るかなって，ちょっと不安になる」という田中さんの反応は典型的です。この場合，クライアントさんの不安をきちんと受け止めて，そのうえで「不安になるようなホームワークの課題は出さない」「ホームワークの課題は，セラピストとクライアントさんが一緒に決めるものだ」といった説明をして，その不安に対応します。このように何を説明するにせよ，クライアントさんの反応をひとつひとつ確かめて，不安などのネガティブな反応が報告された場合は，その場でこまめに対応するのがポイントです。そうすることによって，クライアントさんは遠慮せずに自分の不安や心配を，その場でセラピストに伝えられるようになりますし，セラピストのこまめな対応によって，クライアントさんのセラピストに対する信頼感が強まるからです。

3-7　アジェンダの設定

この時点で事例Aの初回セッションは，所定時間の半分を過ぎたくらいでしたが，残りの時間の使い方について，私は先ほど説明した「アジェンダの設定」を田中さんとやってみることにしました。

実は初回セッションの開始前に，私はセッション記録シート（第2章の図2.1を参照）のアジェンダ欄に，次のように初回セッションのアジェンダ（案）を書き込んでおきました（図3.3を参照）。各アジェンダの冒頭にある「□」は，数字（順番）を書き込む欄です。また「その他」というのは，クライアントさん側から提案されたアジェンダを書き込む欄として常に用意しておきます。

この時点で，すでに上の2つについては話が済んでいるので，私は田中さんと話しながら□に数字を記入しました。そのうえで残りの時間を「主訴に関するアセスメントの開始」に使いたいと，私は提案しました。すると田中さんもそれがよいとのことでしたので，ここで「主訴に関するアセスメントの開始」の□にも数字を書き込み，今日は他にアジェンダはないということだったので，「その他」の行は消してしまうことにしました（図3.4参照）。

3-8　抑うつ症状の主観的評定

残りの時間をアセスメントに使うことにしたので，私は早速田中さんの抑うつ状態を具体的にアセスメントするための対話を始めました（なお，田中さんは今回の抑うつが初めてのエピ

```
☐ 認知行動療法の導入
☐ クライアントの理解の確認，進め方の確認
☐ 主訴に関するアセスメントの開始
☐ その他
```

図3.3　初回セッション　セラピスト側のアジェンダ案

```
1 認知行動療法の導入
2 クライアントの理解の確認，進め方の確認
3 主訴に関するアセスメントの開始
  ~~その他~~
```

図3.4　初回セッション　合意されたアジェンダ

ソードです。ですから2カ月前から続いている「今回のうつ」について聞いていけばよいので，アセスメントの手続きもわりとシンプルなもので済みます。しかし，実際の臨床現場には，初発の方だけでなく，すでに再発を繰り返している方や，抑うつが遷延化している方など，さまざまな方がいらっしゃいます。同じ「抑うつ」でも，経過が長かったり，再発を繰り返していたり，複雑にこじれたりしている場合は，その分アセスメントにも時間がかかるものですし，むしろ時間をかける必要があるものとお考えください。経過が長い方の場合は，現状を把握するのと同時に，これまでの経緯も把握する必要があります。その場合，どちらを先にヒアリングするかということについても，クライアントさんと相談して決める必要があります）。

　このパートでは，私はまず田中さんに，自分の抑うつの程度を主観的に数字で評定してもらいました。自分の主訴の程度を表現できるようになるというのは，CBTでは非常に重要なスキルです。毎回のセッションの冒頭で，経過や現状を簡単に把握しますが，その際，状態を端的に数字で表すことができれば，クライアントさんの現状評価を，おおまかにではありますが，正確なかたちで共有することができます。この作業によってクライアントさんの主訴に対する客観性が高まりますし，主訴を客観的に把握しようとする視点が形成されます。また数字で表現することにより，比較がしやすくなるため，クライアントさんの変化を把握しやすくなりま

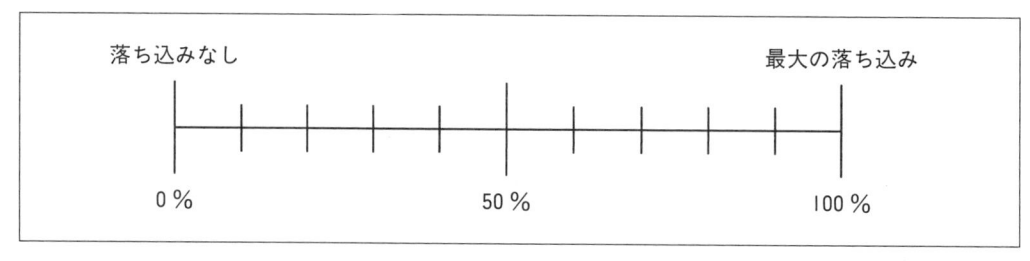

```
落ち込みなし                                    最大の落ち込み
├──┼──┼──┼──┼──┼──┼──┼──┼──┼──┤
0 %                    50 %                  100 %
```

図3.5　主観的評定を促す図

す。

　この主観的評定の数字表現という作業の難易度は，クライアントさんによります。したがって私は，まず大雑把に聞いてみて，それへの反応を見ながら，質問や説明を付け加えていくことにしています。田中さんの場合，一番つらかった10月末のつらさについて，「何十％くらいのつらさだったのでしょうかね？」と大雑把に聞いてみたところ，彼女はもう少し緻密な考え方をするようで，「100というのは，どういうのを考えればいいですか？　どんな状態を？」と私に逆に質問しました。そこで私は，数字の出し方について説明し，また「つらさ」を，「落ち込み」「悲しい」という具体的な状態に変換して，再度評定を依頼したのです。田中さんは，このような再説明によって，10月末の落ち込みや悲しさを「100％」，現在の落ち込みや悲しさを「80％」と評定しました。

　田中さんに対して行った説明の仕方では，うまく評定ができるようにならないクライアントさんもいらっしゃいます。その場合は，クライアントさんの目の前に，図3.5のような図を手書きして，視覚的判断を促すと，答えやすくなるようです。

3-9　抑うつ尺度（BDI-II）を用いた客観的評価

　田中さんの場合は「抑うつ」が主訴でしたので，改訂版ベックの抑うつ尺度（BDI-II，第2章を参照）を使って，客観的評価を試みました（参考文献3を参照）。はじめに簡単に説明をして，次にBDI-II本体を田中さんに渡して，回答された数字を私が記録用紙に記入していきました（第2章の図2.4を参照）。終了後，合計値を出して，その合計値の判断の仕方について説明しました。また今後のBDI-IIの使い方について相談し，田中さんの場合は，毎回ホームワークとしてセッションの直前に実施してきてもらうことになりました。したがって，この場合，BDI-IIは田中さんにお渡しし，田中さんが記入してきた記録用紙を私が毎回転記させてもらうことになります。

　クライアントさんによっては，セッション中にBDI-IIを実施したいという方もいらっしゃいます。その場合はBDI-IIも記録用紙も私のほうで保管して，セッション開始時にテストを

実施します。慣れれば3分間程度で合計値を出すところまでできますので，ホームワークにするのでも，セッションの開始時に実施するのでも，どちらでもよいと思います。

さらに私はテストの結果を参照しながら，自殺念慮について田中さんに具体的に尋ね，またうつ病と自殺念慮について心理教育を実施して，このパートを終了しました。

3-10　CBTの基本モデルに基づくアセスメントの開始

この時点で残り10分を切っていましたが，私は，CBTの基本モデルに沿ったアセスメントの作業を少しでも進めておこうと考え，10月に同僚が辞めてしんどくなったという体験を，アセスメントシート（ツール1，第2章の図2.5を参照）を2人の間に置いて基本モデルを参照しながら聞いていきました。

3-11　セッションのまとめ

最後の5分間くらいを「セッションのまとめの時間」に充てました。基本モデルに沿って自分の体験を理解していただくことを目的に，自己観察をホームワークとして依頼したところ，とりあえず了承していただけました。そこでホームワークシートを2枚取り出して（第2章の図2.2を参照），初回セッションであるためホームワークシートの使い方自体を説明した後，セッション中に合意されていた1番目のホームワーク（BDI-IIをセッション直前に実施する）と，今合意されたホームワークの課題を，田中さんと私がそれぞれ自分のホームワークシートに書き込みました。

最後に今日の初回セッションで行ったことを私が簡単に要約したうえで，セッションの感想を田中さんにお話しいただきました。「何か自然な感じでお話ができたのでほっとした」というフィードバックをいただき，セッションを終了しました。

3-12　CBTの初回セッションについて

以上，事例AにおけるCBT初回セッションについての解説でした。このクライアントさんは，今回が初めての抑うつエピソードということで，症状や問題が長引いていませんし，ストレッサーもわりとはっきりしていました。また彼女は，たとえ抑うつ的であっても，セラピストとすぐに良好なコミュニケーションを取れる人ですし，私の説明に対する理解力が高く，またわからないところはすぐに質問してくれるという，理想的なクライアントさんであると言ってもよいかもしれません。

その意味では事例Aの初回セッションは，田中洋子さんのような「理想的な」クライアントさんだからこそ，このようにスムースに進められたとも言えるでしょう。ではそうでないクライアントさんの場合は，どうすればよいのでしょうか？

　基本的には事例Aの初回セッションで行ったことを端折るのではなく，複数回のセッションを使って同じことを行えばよいと私は考えていますし，実際にそうしています。クライアントさんの状態や，クライアントさんの抱える問題の程度や経緯によって，ひとつひとつのパートにかかる時間は変わってきます。各パートに時間がかかりそうな事例の場合，急いで進めるために必要な作業を端折るよりは，丁寧に時間をかけて行っていくほうが，良好な結果が得られる可能性はずっと高いと思います。

第4章 アセスメントと目標設定

〈事例A　第2セッション〉

　本章では事例A（クライアント名：田中洋子さん）の第2セッションについて解説します。事例Aでは，初回セッションの後半からアセスメントの作業に入り，CBTの基本モデルに沿って田中さんの体験をアセスメントするやりとりも，ほんの数分間ですが実施できました。第2セッションでまず私が予定していたのは，基本モデルに基づくアセスメントを具体的に実施して，できればそれをアセスメントツール（ツール1，第2章の図2.5を参照）に書き込んで外在化し，田中さんの抱える問題の全体像および悪循環を田中さんと一緒に把握することでした。そのうえで田中さんの悪循環的問題を維持するポイントとなっている問題を抽出し，さらに私と田中さんとのCBTにおける具体的な目標を設定して，それらの問題や目標を「問題同定＆目標設定シート」（ツール2，第2章の図2.6を参照）に書き出して共有することでした。

　私はセッション前に，セッション記録シート（第2章の図2.1を参照）のアジェンダ欄に，次のようにアジェンダの案を記入しておきました（図4.1）。そしてツール類などを用意しておきました。

4-1　事例A第2セッションの全体の流れ

　事例Aの第2セッションでは，以下の項目について順番に対話が行われました。

①導入——経過と現状のおおまかな把握
②アジェンダの設定
③全体像のアセスメント（状況の具体的な把握）
④全体像のアセスメント（悪循環の把握）
⑤コーピングとサポート資源の確認
⑥問題の同定
⑦CBTにおける目標の設定

```
┌─────────────────────────────────────────┐
│  □ HWの報告に基づく，全体像のアセスメント（ツール1）  │
│                                         │
│  □ 問題リストの作成，CBTでの目標設定（ツール2）      │
│                                         │
│  □ その他                                │
└─────────────────────────────────────────┘
```

図4.1　事例A第2セッション　セラピスト側のアジェンダ案

⑧セッションのまとめ

以下，各パート（①〜⑧）について，簡単な解説を加えていきます。

4-2　導入——経過と現状のおおまかな把握

　第2セッション以降のセッションの導入のパートでは，前回のセッションで行ったことを簡単におさらいしたり，前回から今回にかけての経過や現状をおおまかに把握したりします。

　事例Aの第2セッションの冒頭で私は，初回セッションでCBTについて説明されたことに対し，その後何か疑問が生じたかどうかを尋ねました。これについては「特にない」とのことでした。次に私は，前回から今回までのあいだに変化や出来事があったかどうかを聞き，田中さんは「出来事がちょっとあったかな」と答えました。そこでそれはホームワークの課題である「しんどい気持ち」に関係があるかと私が尋ねたところ，そうだということだったので，詳しいことは後でヒアリングすることにして，現状の把握に話題を移しました。

　現状の把握としては初回セッションで行った「主観的評定」をまず田中さんにやっていただきました。一度，評定の仕方を覚えた田中さんはスムースに評定することができました。さらにもうひとつのホームワークであった「BDI-II」を田中さんが実施してきたことを確認し，その結果を転記させてもらいながら，BDIについていくつか質問しました。その際，田中さんが咳き込んでいたので，そのことについても少しだけ尋ねたり，風邪とうつとの関係について心理教育したりしました。以上の導入のための対話は，5分程度で済みました。

4-3　アジェンダの設定

　次にアジェンダの設定を行いました。私はセッション記録シートに書き込んだセラピスト側

第4章 アセスメントと目標設定 33

```
1 HWの報告に基づく，全体像のアセスメント（ツール１）
            ↑
        しんどかった出来事
2 問題リストの作成，CBTでの目標設定（ツール２）


~~3 その他~~
```

図4.2　事例A第2セッション　合意されたアジェンダ

のアジェンダ案（図4.1を参照）を田中さんに見せながら，アジェンダについて提案したところ，田中さんは「しんどかった出来事」は私が提案した第1のアジェンダの中で話せることを確認し，さらに追加のアジェンダはないとのことでした。この対話の結果，記録シートのアジェンダ案は次のように加筆訂正されました（図4.2）。

4-4　全体像のアセスメント（状況の具体的な把握）

　アジェンダ設定が終わり，早速私は1番目のアジェンダについての対話を始めました。すなわちホームワークで自己観察してきていただいた「しんどかった出来事」について報告をしていただき，それをもとにCBTの基本モデルに沿ってアセスメントを行い，ツール1（アセスメントシート）に外在化するための対話です。
　そのために，どのような「しんどかった出来事」があったのか，田中さんにまず具体的に話していただきました。ある程度状況がつかめたところで，私はその出来事について，ツール1の「状況」欄に記入しました。このときのポイントは，できるだけ具体的にヒアリングし，できるだけ具体的に記載するということです。
　このとき私は，ツール1の「状況」欄に図4.3のように書き込みました。
　このくらい具体的であれば，後から見てもその日の体験を田中さん自身が生き生きと想起できますし，セラピストも田中さんがストレスを受けた出来事を具体的にイメージできます。

4-5　全体像のアセスメント（悪循環の把握）

　次に私は，上記の出来事に対する田中さんの反応を，アセスメントシート（ツール1）を参照しながらCBTの基本モデルに沿ってヒアリングしていきました。ヒアリングを始めて少ししてわかったのは，田中さんの言う「しんどい」は，認知や気分，身体反応といった特定の要

```
┌─────────────────────────────────────┐
│      ストレスを感じる出来事や変化      │
│         （自分，他者，状況）          │
│    12/8（水）pm1：45  請求書         │
│    保護者からの再々々TEL              │
│  「さっきこの時間ならいるって言ったじゃないか」│
│  「お前だって担当者じゃないか」10分怒られた  │
│           謝るしかない                │
└─────────────────────────────────────┘
```

図4.3　ツール1「状況」欄への最初の記入

　素のことではなく，田中さんは自分の体験全体を「しんどい」と名づけているということです。そこで私は，「しんどい」をこの体験のタイトルとして，ツールの上部に記しておきました。そのうえで改めて「認知」「気分・感情」「身体」「行動」についてヒアリングし，ツールに書き込んでいきました。

　いろいろと聞きながら次第にわかってきたのは，田中さんの「しんどい体験」には，2つの時間帯があるということです。1つ目は保護者から実際に電話で怒られている時間帯で，2つ目は怒られた後に，そのことについていろいろと考えて何もできなくなってしまう，という時間帯です。そこでツールの各項に記載されたことが，1つ目の時間帯にかかわることなのか，それとも2つ目にかかわることなのかを明らかにするために，「①」「②」といった数字をつけていきました。さらに②から派生する「不眠」という身体症状に「③」という数字をつけて，田中さんの体験のプロセスを目で見てわかるようにしました。

　この時点で，アセスメントツール（ツール1）の上半分が一応完成しました（図4.4）。ツールに書き込まれた循環図を確認し，田中さんは確かにこれが自分のしんどくなるパターンであると認めました。

4-6　コーピングとサポート資源の確認

　次に私は，アセスメントシート（ツール1）の下部の「コーピング」と「サポート資源」について，田中さんに聞いていきました。どちらについても項目を挙げてもらうときに，それらの効果についても併せて聞いておくことが必要です。また医学的治療やCBTを始めたことについて，それらをクライアントさんがコーピングやサポート資源として自発的に挙げない場合は，こちらから尋ねてみることも必要です。田中さんの場合，治療やCBTがコーピングであるかと尋ねると，「はい」とすんなりと肯定してくれました。

　これで一応ツール1のすべての欄が書き込まれたことになります（図4.5）。私はここでも

第 4 章　アセスメントと目標設定　35

ツール 1　全体像のアセスメント
クライアントID：　○○○

アセスメントシート
自分の体験と状態を総合的に理解する

　2004年　12月　10日（金 曜日）
氏名：　　　　　　田中洋子　様

しんどいパターン
自分

状況

ストレスを感じる出来事や変化
（自分，他者，状況）
12/8（水）pm 1：45　請求書
保護者からの再々々TEL
「さっきこの時間ならいるって言ったじゃないか」①
「お前だって担当者じゃないか」10分怒られた②
謝るしかない　　①，②の後

認知：頭の中の考えやイメージ
「1人きりだなあ」②
「何で私が怒られるんだろう」①「こわい」①
「私の対応がまずかったな」②
いろいろ思う②

気分・感情
悲しい　②　90％
緊張　①　80％
こわい　①　80％

身体的反応
・しんどい→力が入らない　②
・目頭が熱くなる　②
①ドキドキ
③不眠

行動
①謝った「申し訳ない」
②ボーッとして何もできない

うつ状態

コーピング（対処）

②何もできないのは 10〜15 分
but ②その後戻ってきてしまう，
ひきずっている感じ→今も

サポート資源

備考：

Copyright 洗足ストレスコーピング・サポートオフィス

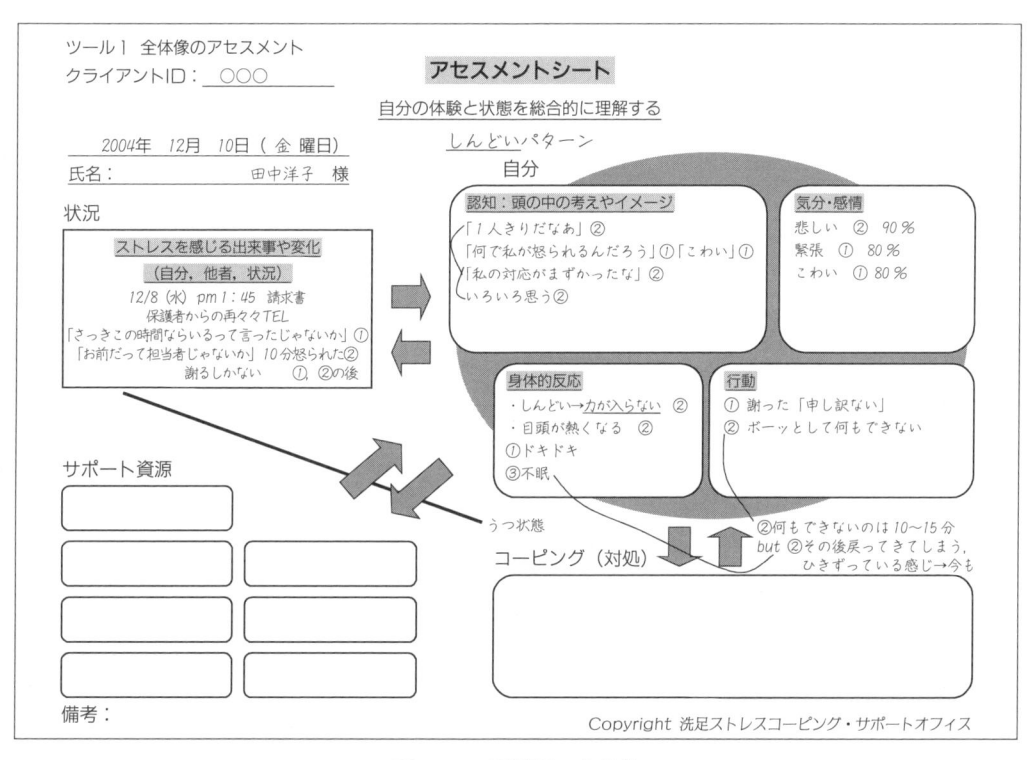

図 4.4　悪循環の全体像

ツール 1　全体像のアセスメント
クライアントID：　○○○

アセスメントシート
自分の体験と状態を総合的に理解する

　2004年　12月　10日（金 曜日）
氏名：　　　　　　田中洋子　様

しんどいパターン
自分

状況

ストレスを感じる出来事や変化
（自分，他者，状況）
12/8（水）pm 1：45　請求書
保護者からの再々々TEL
「さっきこの時間ならいるって言ったじゃないか」①
「お前だって担当者じゃないか」10分怒られた②
謝るしかない　　①，②の後

認知：頭の中の考えやイメージ
「1人きりだなあ」②
「何で私が怒られるんだろう」①「こわい」①
「私の対応がまずかったな」②
いろいろ思う②

気分・感情
悲しい　②　90％
緊張　①　80％
こわい　①　80％

身体的反応
・しんどい→力が入らない　②
・目頭が熱くなる　②
①ドキドキ
③不眠

行動
①謝った「申し訳ない」
②ボーッとして何もできない

うつ状態

コーピング（対処）
・自宅そばの公園——帰りに寄ってボーッとする　←落ち着く　一時的に
・夫に話を聞いてもらう——「ひどいなあ」と言ってもらうと安心する
　　　　　　　　　　　——ただ聞いている。「いいや」と思える
▲治療を開始した

②何もできないのは 10〜15 分
but ②その後戻ってきてしまう，
ひきずっている感じ→今も

時々

サポート資源
夫
休日の外出

備考：

Copyright 洗足ストレスコーピング・サポートオフィス

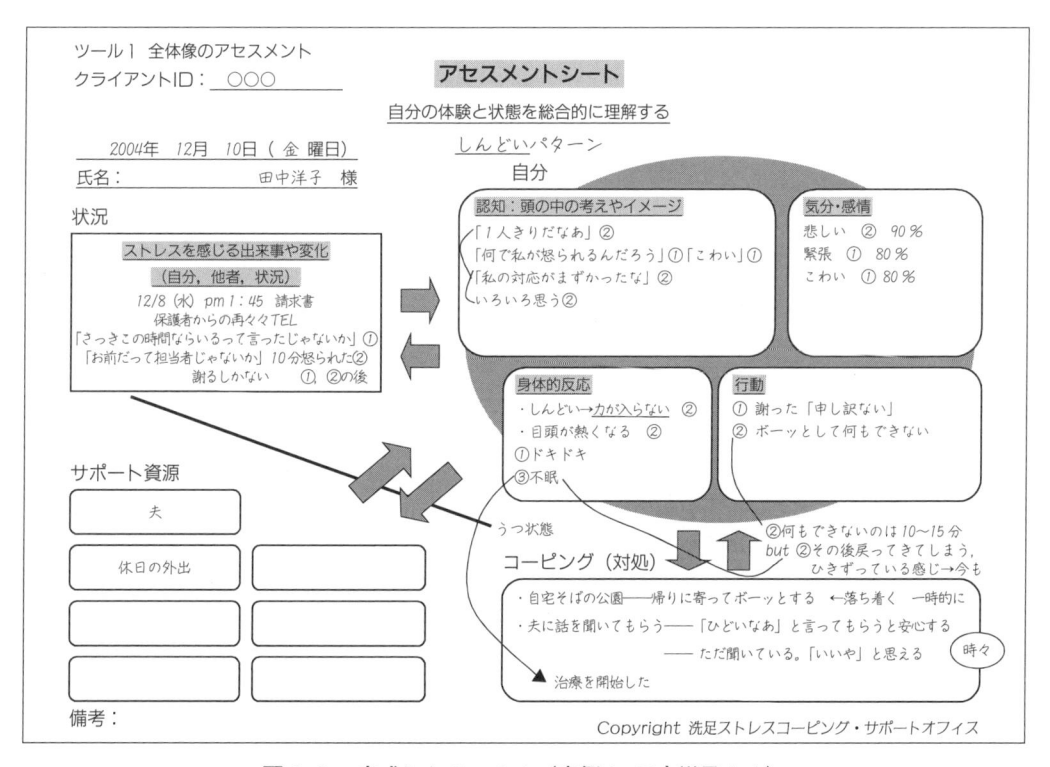

図 4.5　完成したツール 1（事例A　田中洋子さん）

う一度，田中さんにツール全体を眺めてもらい，まさにこれが自分の主訴を全体的にかつ具体的に表しているかどうか，確かめてもらいました。そして特に修正や追加がないとのことだったので，次のパートに対話を進めました。

4-7　問題の同定

　アセスメントの次にすることは，アセスメントで明確になった悪循環的全体像を眺めて，そこから悪循環を維持させているポイントを見つけ，「問題」として定式化することです。同定された問題は，「問題同定＆目標設定シート」（ツール2）に記入しますが，まずはアセスメントシート（ツール1）をクライアントさんと一緒に眺めながら，どのあたりが悪循環のポイントなのかを，ひとつひとつ丁寧に見ていきます。

　田中洋子さんの場合，アセスメントシートに①という番号が振られた事象は「実は問題ではない」ことが，ここでのやりとりで明らかになりました。そして次の②という番号が振られたプロセス，つまり保護者に怒られた後に，そのことについて「ぐるぐる考えちゃうこと」がどうやらポイントで，そのことによって不眠に陥ったり，何もできなくなったり，ひどく悲しくなってしまったりすることが問題なのだ，と田中さん自身が気づきました。またそのような悪循環を自分で止められないことが問題なのだということも「問題」として合意されました。この時点でツール2の「問題」記入欄には，次のように記入されました（図4.6）。

　ツール2の問題記入欄は，「問題リスト」とタイトルがついており，時間があれば，また必要であれば，図4.6のような大雑把な形ではなく，問題をひとつひとつリスト化するほうが望ましいと思います。事例Aでも，きちんと問題をリスト化しておく必要性を私たちが感じ，そのための時間があったならば，たとえば図4.7のように問題リストに記入することができたでしょう。

　このようにリスト化すると，田中さんの場合，認知的な問題が起点となり，それによってさまざまなネガティブな現象が起きていることがよく理解できます。またツール2の左下部の循環図に，抽出された問題点だけを書き込むと，さらに明確に問題の悪循環が理解できます。しかし，今回のDVDセッションでは時間的余裕がありませんでしたし，クライアントの田中さんと問題について話し合って，図4.6のように記入された時点で，認知的問題がお互いに合意されたと判断できましたので，あえて図4.7のような整理はせずに，次の目標設定のパートに移りました。

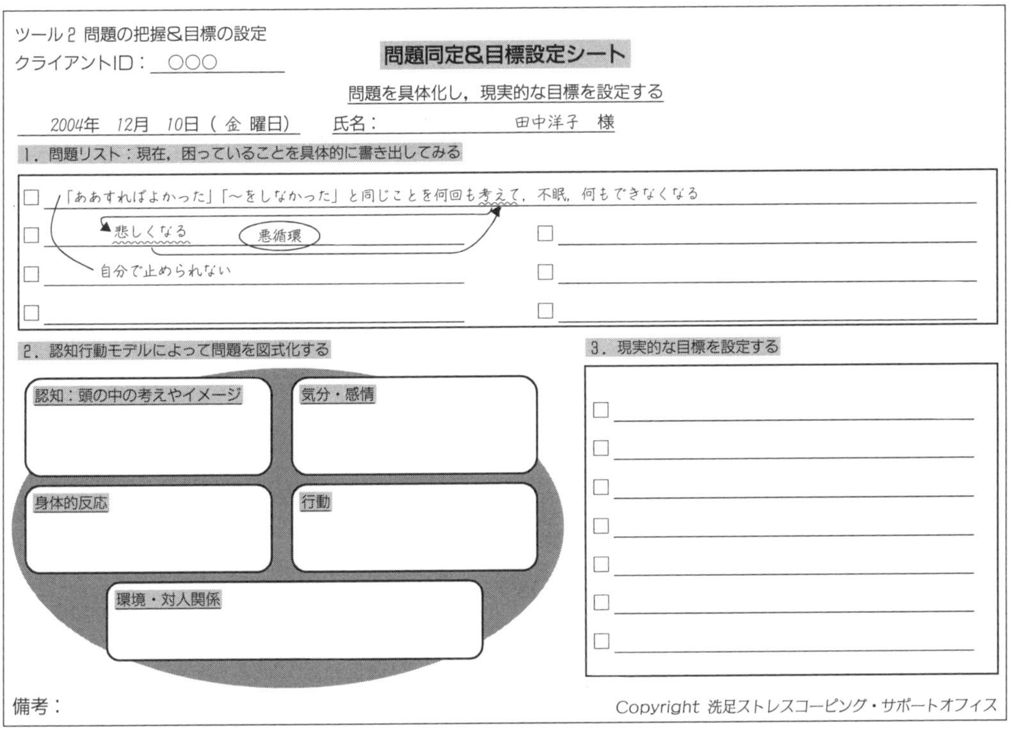

第4章 アセスメントと目標設定 37

ツール2 問題の把握＆目標の設定
クライアントID：　〇〇〇

問題同定＆目標設定シート

問題を具体化し，現実的な目標を設定する

2004年 12月 10日（金 曜日）　氏名：　田中洋子 様

1．問題リスト：現在，困っていることを具体的に書き出してみる

- ☐ 「ああすればよかった」「～をしなかった」と同じことを何回も考えて，不眠，何もできなくなる
- ☐ 悲しくなる （悪循環）
- ☐ 自分で止められない

2．認知行動モデルによって問題を図式化する

- 認知：頭の中の考えやイメージ
- 気分・感情
- 身体的反応
- 行動
- 環境・対人関係

3．現実的な目標を設定する

備考：
Copyright 洗足ストレスコーピング・サポートオフィス

図4.6　田中洋子さんにとっての「問題」

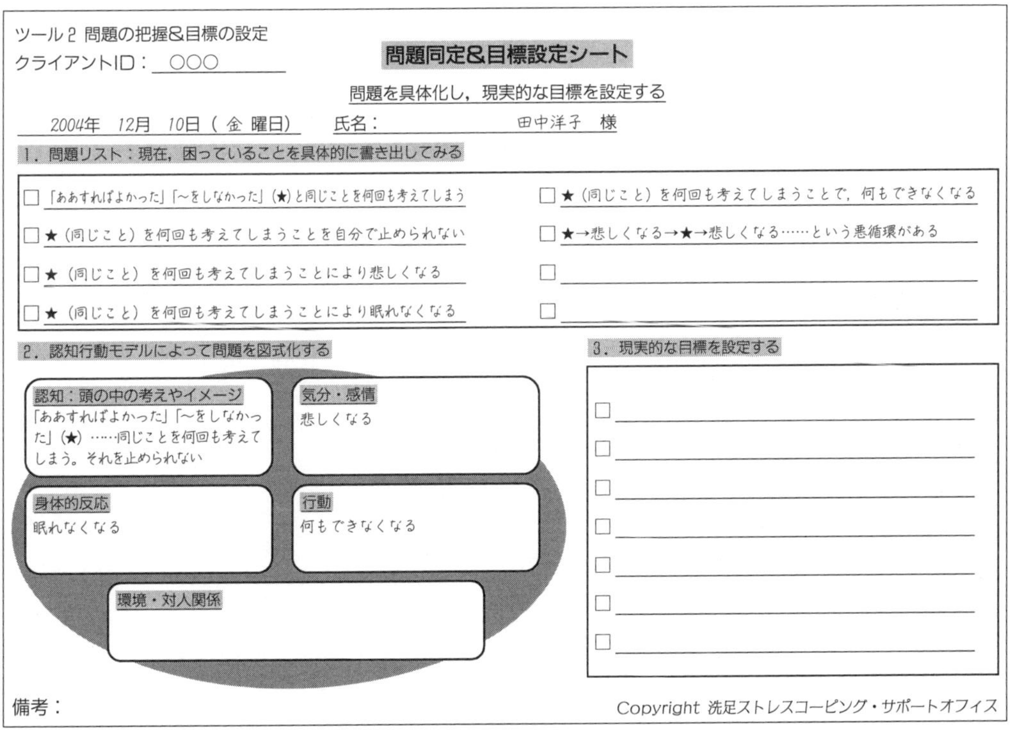

ツール2 問題の把握＆目標の設定
クライアントID：　〇〇〇

問題同定＆目標設定シート

問題を具体化し，現実的な目標を設定する

2004年 12月 10日（金 曜日）　氏名：　田中洋子 様

1．問題リスト：現在，困っていることを具体的に書き出してみる

- ☐ 「ああすればよかった」「～をしなかった」（★）と同じことを何回も考えてしまう
- ☐ ★（同じこと）を何回も考えてしまうことで，何もできなくなる
- ☐ ★（同じこと）を何回も考えてしまうことを自分で止められない
- ☐ ★→悲しくなる→★→悲しくなる……という悪循環がある
- ☐ ★（同じこと）を何回も考えてしまうことにより悲しくなる
- ☐ ★（同じこと）を何回も考えてしまうことにより眠れなくなる

2．認知行動モデルによって問題を図式化する

- 認知：頭の中の考えやイメージ
  「ああすればよかった」「～をしなかった」（★）……同じことを何回も考えてしまう。それを止められない
- 気分・感情
  悲しくなる
- 身体的反応
  眠れなくなる
- 行動
  何もできなくなる
- 環境・対人関係

3．現実的な目標を設定する

備考：
Copyright 洗足ストレスコーピング・サポートオフィス

図4.7　問題をきちんとリスト化する

4-8 CBTにおける目標の設定

　問題を同定できてやっと，田中さんと私にとっての共有目標，すなわち私たちが進めていくCBTにおける具体的目標を設定することができます。この目標設定は非常に重要です。なぜなら今後，ここで設定された目標に沿って，CBTが進められていくからです。またここで設定された目標に沿って，その目標を達成するための技法が選択されるからです。もちろん進めてみて，後になって「目標が適切でなかった」ということが認識され，目標自体を設定しなおす場合もありますが，クライアントさんにかかる負担を極力減らすためには，はじめから適切な目標を設定したいものです。

　田中さんの事例の場合，認知的問題（「ああすればよかった」「～をしなかった」といったことを何回も考えてしまう）が明らかになったので，あとはその問題を解消するために，具体的に達成可能な目標は何か，ということを私たちは考えていきました。「具体的に達成可能」という点も非常に重要です。田中さんが「考えを止める」とおっしゃったのを，それは現実的には「止める」というより「別のことに考えを向けることだ」というふうに私が誘導したのは，より達成可能な目標を設定したかったからです。田中さんもそれに納得してくれたようです。

　またここで私が留意したのは，できるだけクライアントさんにぴったりくる言葉で目標を表現するということです。上記のとおり，一度目標を設定すると，それに沿って進めていきますから，クライアントさん自身が「この目標のために，CBTを進めていくのだ」と心から思えるような表現を見つけておくことが，どうしても必要なのです。結果的にこのセッションでは，「同じことを何回も考える悪循環の早い時点で，考えの中身を自分で変えられるようになる」という目標が合意されました。

　この目標を達成するために最も有効であると考えられるCBTの技法は，「認知再構成法」です。しかしここで時間切れとなってしまいましたので，このときは技法の説明はせず，「認知再構成法という技法がありますよ」という紹介にとどめて，その技法名も目標欄に追加で記入しました。結果的にツール2は図4.8のように書き込まれ，目標設定のパートが終了しました。

4-9 セッションのまとめ

　初回セッションと同様に，最後に少しだけ時間をとって，まとめの作業を行い，ホームワークの設定などをしました。1番目のホームワークは，前回と同様，BDI-IIをセッションの直前に実施し，結果を集計してくることです。2番目のホームワークは，この第2セッションで

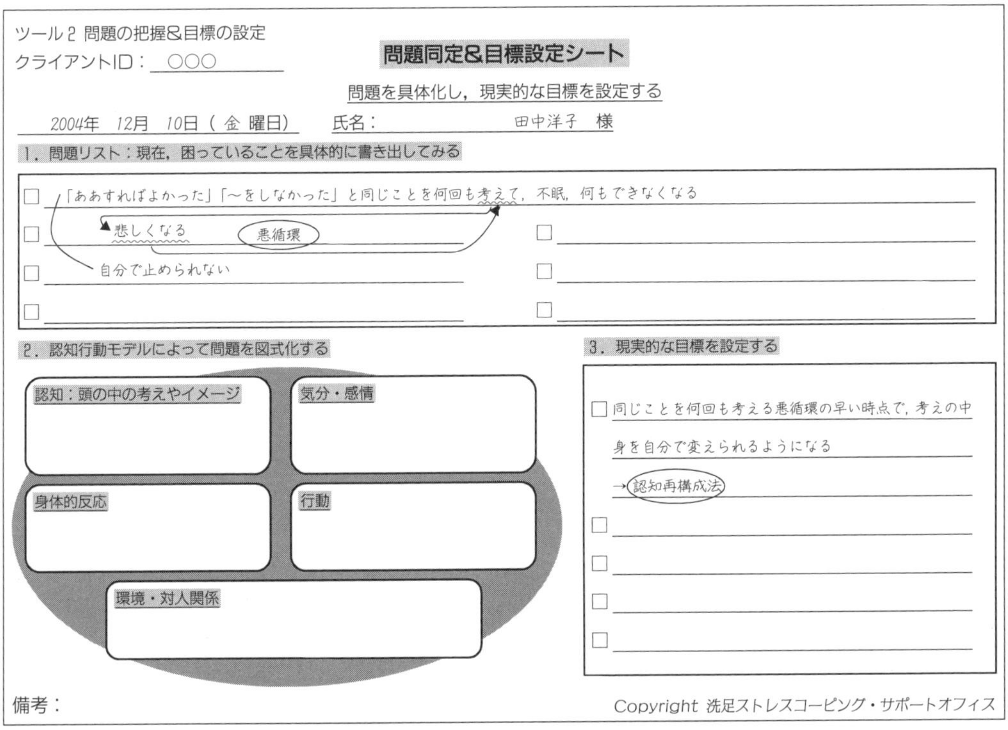

図4.8 完成したツール2（事例A 田中洋子さん）

作成したアセスメントシート（ツール1）や問題同定＆目標設定シート（ツール2）を日常生活に持ち帰って参照するというものです。特に，実際にしんどい体験をしているときにツール1を参照して，アセスメントされた悪循環が本当にその通りであるか，確認していただくことが重要です。

3番目のホームワークの課題として私が依頼したのは，「しんどいときに，頭の中に浮かぶせりふをつかまえようとしてみる」というものでした。専門用語で言えば，「自動思考の同定」ということになります。これは認知再構成法を導入するための種蒔きのような課題です。ただし，セッション終了時に「自動思考」という，クライアントさんにとってはおそらく初めてであろう言葉を紹介するのは望ましくないので，そのような言葉を使わずに，とりあえず「つかまえようとしてみる」という課題にとどめました。田中さんもこの課題には多少不安を感じたようで，最後の感想のところで，「つかまえようとしてみる」というレベルの課題に落ち着いたことで「ほっとした」というふうに述べています。

また田中さんはもうひとつの感想として，再度記入されたアセスメントシートを眺めて，「しんどいときに，二通りの流れがある」ということがわかったことについて，「へえー」と思ったということを報告してくれました。

4-10 CBTにおける「アセスメント」と「問題同定・目標設定」について

　以上，事例Aの第2セッションでした。これは模擬セッションということで，クライアントの田中洋子さんの抱える問題をそれほど複雑でないものに設定しましたので，たった1回のセッションで，CBTの基本モデルに沿ったアセスメントがツール1に記入されるところまで終えられましたし，アセスメントによって認知的問題が際立っていることがわかったので，問題の同定や目標の設定もスムースに進めることができました。

　しかし，実際に臨床現場に現れるクライアントさんたちは，当然のことながらさまざまです。複数の主訴を抱えてCBTを受けに来るクライアントさんも少なくありません。また主訴が非常に複雑である場合も，やはり少なくありません。

　その場合は，前章で述べたことと同じですが，端折って先に進めるよりは，時間をかけてでも，アセスメントや問題同定や目標設定の手続きを，丁寧にきちんと進めていくことが必要です。場合によってはCBTの基本モデルに沿ったアセスメントの作業だけで，5セッションから10セッションくらいかかることもあります。その場合は，私はクライアントさんに，「これだけ経過が長く複雑な問題を抱えておられるのだから，時間をかけてきちんとアセスメントをする必要があります」と先に説明してしまいます。「時間がかかる」という言い方をするとネガティブな印象を与えがちですが，「きちんと理解するために，必要な時間をかけよう」という言い方をすると，クライアントさんも納得しやすいようです。

第5章 認知再構成法1
——自動思考の同定

〈事例A 第3セッション〉

　本章では事例A（クライアント名：田中洋子さん）の第3セッションについて解説します。事例Aの第2セッションでは，CBTの基本モデルに基づくアセスメントを実施し，それをアセスメントシート（ツール1）に外在化するという作業を主に行いました（第4章の図4.5を参照）。さらにそのアセスメント内容に基づいて問題を定式化し，CBTにおける具体的な目標を設定しました。またそれらの問題や目標を問題同定＆目標設定シート（ツール2）に外在化し，さらに目標を達成するために効果的であろうと思われる技法（認知再構成法）を私が提示したところで，第2セッションが終わりました（第4章の図4.8を参照）。

　この第3セッションに対する私の計画は，前回技法名を提示したにすぎない認知再構成法について，きちんと田中さんに心理教育的説明を行い，田中さんが同意してくれたら，早速認知再構成法の実際の手続きに入ろうというものでした。第3セッションの前に私がセッション記録シート（第2章の図2.1）のアジェンダ欄に，次のようにアジェンダの案を記入しておきました（図5.1）。また認知再構成法の際に用いる3種類のツールを用意しておきました（第2章の図2.7，図2.8，図2.9を参照）。

5-1　事例A第3セッションの全体の流れ

　事例Aの第3セッションでは，以下の項目について順番に対話が行われました。

①導入——経過と現状のおおまかな把握
②アジェンダの設定
③ホームワークに基づくツール1（アセスメント），ツール2（問題＆目標）の確認
④認知再構成法についての心理教育
⑤認知再構成法の練習——ストレス場面の同定
⑥認知再構成法の練習——気分・感情と自動思考の同定
⑦認知再構成法の練習——検討する自動思考の同定

```
┌─────────────────────────────────────────────────┐
│ □ HWに基づく，ツール1（アセスメント），ツール2（問題と目標）の確認 │
│                                                 │
│ □ 認知再構成法について説明（ツール3，4，5の提示）       │
│                                                 │
│ □ 認知再構成法の練習開始　→自動思考の同定（ツール3）    │
│                         →自動思考の検討（ツール4）    │
│                                                 │
│ □ その他                                         │
└─────────────────────────────────────────────────┘
```

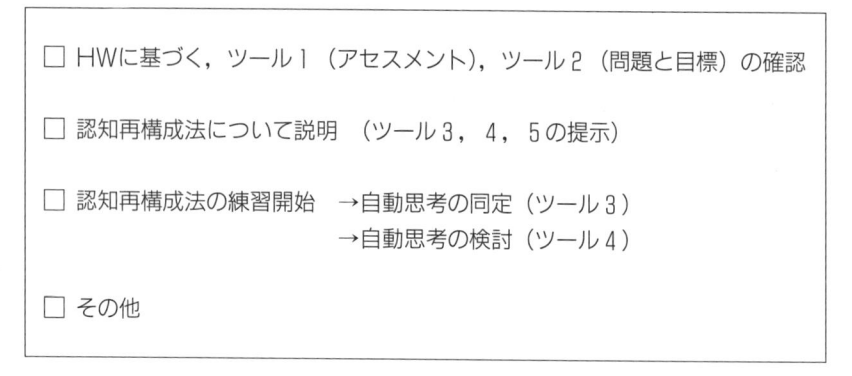

図5.1　事例A第3セッション　セラピスト側のアジェンダ案

⑧認知再構成法──自動思考の検討についての心理教育
⑨セッションのまとめ

以下，各パート（①〜⑨）について，簡単な解説を加えていきます。

5-2　導入──経過と現状のおおまかな把握

最初の5分くらいで，ホームワークの実施状況や，1週間の経過や現状について大雑把にヒアリングしました。その際，BDI-Ⅱの結果を転記させてもらい，さらに現在の状態を主観的に評定してもらいました。BDI-Ⅱの結果に変化はなく，主観的評定における「落ち込み」「悲しみ」の程度は多少下がっていましたが，ここではそれらの変化の有無や内容について特につっこんで話をすることはせず，「確認」にとどめました。

5-3　アジェンダの設定

次にアジェンダの設定を行いました。私はセッション記録シートに書き込んだセラピスト側のアジェンダ案（図5.1を参照）を田中さんに見せて，アジェンダを提案しました。田中さんは私からの提案に同意し，特に追加の提案はないということでしたので，「このアジェンダでどんどん進めましょう」ということで，早速1番目のアジェンダに入ることにしました（図5.2を参照）。

```
┌─────────────────────────────────────────────────────┐
│ ① HWに基づく，ツール1（アセスメント），ツール2（問題と目標）の確認 │
│                                                     │
│ ② 認知再構成法について説明（ツール3，4，5の提示）        │
│                                                     │
│ ③ 認知再構成法の練習開始 →自動思考の同定（ツール3）      │
│                         →自動思考の検討（ツール4）      │
│                                                     │
│ ~~④ その他~~                                         │
└─────────────────────────────────────────────────────┘
```

図5.2　事例A第3セッション　合意されたアジェンダ

5-4　ホームワークに基づくツール1（アセスメント），ツール2（問題&目標）の確認

　田中さんは前回設定したホームワークをきちんと実施したとのことで，「嫌だな」と思ったときに，前回記入したアセスメントシート（ツール1）を参照して，記載された悪循環がその通りであると確認できたということでした。また，もうひとつのホームワークであった「頭に浮かぶせりふをつかまえてくる」という課題についても実施して，「結構ちっちゃいことで，毎回毎回，『ああ，私がまずかったかな』と思っているのがわかった」ということを報告してくれました。
　さらに「問題同定&目標設定シート」（ツール2）についても確認したとのことで，前回設定した目標についても，「本当にそれは必要なことだな」と思ったということを話してくれました。そこで前回合意された目標に基づき，CBTを進めていくということが改めてここで合意されました。
　この時点で田中さんが，「ああ，私がまずかったかな」という自動思考（ただし，この時点では「自動思考」という言葉はまだ提示していません）を報告してくれたので，私は他にも同定できた自動思考があったかもしれないと考え，それを尋ねてみたところ，田中さんが，ストレスを感じる場面場面で，「〜しておけばよかったなあ」とか「〜をやっていなかったなあ」といった自動思考を同定できていたらしい，ということがわかりました。

5-5　認知再構成法についての心理教育

　次に私は，前回技法名を提示しただけであった「認知再構成法」について，アセスメントシ

ートを参照しながら心理教育を行いました。具体的には，「ストレスを感じる場面における自分の認知をつかまえて，別の方向にもっていくための方法」が「認知再構成法」であると伝えたのです。田中さんは認知再構成法を，物事をポジティブに考えることだと思っていたそうですが，私の説明によって，必ずしもそうではないということが理解できたようです。そのうえで認知再構成法を始めるかどうか再度田中さんに尋ねたところ，「はい」という答えだったため，練習を開始することにしました。

その際，私が田中さんに強調したのは，①何度か練習をして慣れていただく必要があること，②うまくやることではなく，ひと通り体験してみることが大切であること，③具合が悪くなる前には，認知再構成法と同じようなことを，おそらく意識しないでやっていたであろうということ，の3点です。そして認知再構成法で用いる3種類のツールを提示して（ツール3〜5，第2章の図2.7，図2.8，図2.9を参照），はじめは大変そうに見えても，やってみれば「ああ，そういうことなのか」と分かるだろうということを予告して，早速ツール3を用いて練習に入ることにしました。

5-6　認知再構成法の練習——ストレス場面の同定

認知再構成法で最初に習得すべきことは，その場その場で生じるリアルな自動思考を同定するスキルです。私はここで初めて「自動思考」という言葉を田中さんにはっきりと提示し，前回のホームワークで，すでに田中さんが自動思考の同定ができていたということを伝えました。

ストレスを感じる（感じた）場面を切り取って，そのときの気分・感情や自動思考を同定し，それを書き込むためのシートが，「自動思考同定シート」（ツール3）です（第2章の図2.7を参照）。認知再構成法では，クライアントさん自身がツールに書き込んでいく必要があるので，ここからは田中さん自身にツールに書き込んでもらうことにしました。

自動思考同定シート（ツール3）の目的は上記のとおり，その場でのリアルな自動思考の同定ですが，そのためにはまず，ストレスを感じる（感じた）場面を切り取って，それをできるだけ具体的に表現するという作業が必要です。具体的な場面を切り取れなければ，その場で生じたリアルな気分や自動思考を同定できないからです。そこでこのパートではまずストレスを感じた場面をできるだけ具体的に想起してもらい，それらをツール3の「具体的場面」欄に書き出してもらいました。

その結果，ツール3の「具体的場面」欄には，図5.3のように記入されました。

> 1．具体的場面：最近，ひどくストレスを感じた出来事や状況を1つ選び，具体的に記述する
>
> ●いつ？　どこで？　誰と？　どんな状況で？　どんな出来事が？　（その他何でも……）
> 12/8（水）保護者から学費の請求書について問い合わせがあった。質問に答えられず，担当者と話をしてもらうこともできなかったので，ひどく怒られた。謝って電話を切った。その2, 3分後，ボーッとしていた

図5.3　ツール3「具体的場面」欄への記入

5-7　認知再構成法の練習——気分・感情と自動思考の同定

　場面が具体的に同定されたので，次に気分・感情および自動思考の同定の練習に移りました。ここで重要なのは，気分・感情と自動思考の違いについてきちんと説明することです。田中さんはすぐに2つの違いを理解できたので，実際に図（図5.3）で同定された場面における，田中さん自身の気分・感情と自動思考を同定してもらいました。また同時に気分・感情の強さや，自動思考の確信度について，「％」で評定してもらいました。すでにこのやり方に慣れている田中さんは，難なく評定もできました。またどの気分・感情とどの自動思考が関連しているのか，ということを確かめ，「1人きりだなあ」という自動思考と関連する気分・感情が見当たらなかったので，田中さんに尋ねたところ，「孤独感」という気分が新たに報告されました。このようにこの作業では，そのときの気分や自動思考をすべて出し切ってもらうことと，それぞれの気分・感情とそれぞれの自動思考をマッチングさせて考える，ということが重要です。

　田中さんが報告してくれた自動思考はすべて，言語的な思考でした。そこで私はそのすべてに「　」（カギカッコ）を付けてもらいました。カギカッコを付けることで，それが事実ではなくて，頭の中に浮かんだせりふ（自動思考）であることを視覚的にも表現したかったからです。

　その結果，ツール3の気分・感情欄には，図5.4のように，自動思考欄には，図5.5のように記入されました。

5-8　認知再構成法の練習——検討する自動思考の同定

　認知再構成法では，同定された自動思考をすべていっぺんに検討することはしませんし，いずれにせよそれは不可能です。したがって同定された自動思考の中から，否定的な気分・感情

```
気分・感情とその強度（％）

  □ 悲しい_____（ 90%）
  □ つらい_____（ 90%）
  □ 孤独感_____（ 80%）
  □ _____（   %）
```

図5.4　ツール3「気分・感情」欄への記入

```
認知（考え・イメージ）とその確信度（％）：そのとき，どんなことが頭に浮かんだろうか？

  □「担当者の先生にもっと強く職員室にいるように言えばよかったのに言わなかった」（ 100%）
  □「いつもちょっとしたことができなくて仕事がうまくいかない」（ 100%）
  □「私の対応がまずかったな」（ 100%）
  □「1人きりだなあ」（   %）
```

図5.5　ツール3「自動思考」欄への記入

や身体反応，そして非機能的な行動と最も結びついているものを1つ選択する必要が出てきます。そこで田中さんには，ツール3の「行動・身体的反応」欄にも記入していただき，自動思考を選択する必要について説明し，田中さんに検討する自動思考を選ぶように求めました。

　田中さんは「私の対応がまずかったな」という自動思考を選択しました。そこで私はその自動思考が違う方向に向かえば，その自動思考に伴うネガティブな気分・感情や，非機能的な行動などが変化しそうであることを田中さんに再度確認したうえで，私たちは，「私の対応がまずかったな」という自動思考を検討することにしたのでした。これで自動思考同定シート（ツール3）が次のように一応完成したことになります（図5.6）。

5-9　認知再構成法──自動思考の検討についての心理教育

　検討する自動思考を選択できたので，次に私は自動思考を検討するためのツール（ツール4，第2章の図2.8を参照）を提示して，ツールの説明を通して，「自動思考を検討する」という作業について心理教育を行いました。

　具体的には，ツール4に記載されているさまざまな質問に回答を試みることを通じて，自動

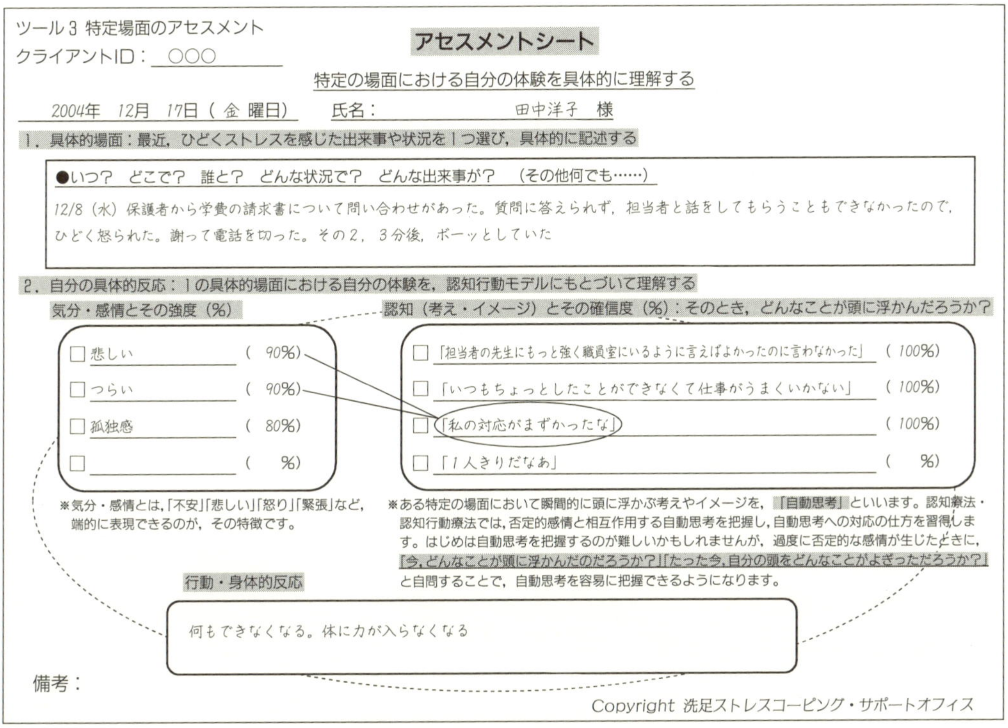
ツール３ 特定場面のアセスメント
クライアントID：○○○

アセスメントシート

特定の場面における自分の体験を具体的に理解する

2004年　12月　17日（金 曜日）　氏名：　田中洋子　様

1．具体的場面：最近，ひどくストレスを感じた出来事や状況を１つ選び，具体的に記述する

●いつ？　どこで？　誰と？　どんな状況で？　どんな出来事が？　（その他何でも……）

12/8（水）保護者から学費の請求書について問い合わせがあった。質問に答えられず，担当者と話をしてもらうこともできなかったので，ひどく怒られた。謝って電話を切った。その２，３分後，ボーッとしていた

2．自分の具体的反応：１の具体的場面における自分の体験を，認知行動モデルにもとづいて理解する

気分・感情とその強度（％）

- □ 悲しい（90%）
- □ つらい（90%）
- □ 孤独感（80%）
- □ （　%）

※気分・感情とは，「不安」「悲しい」「怒り」「緊張」など，端的に表現できるのが，その特徴です。

認知（考え・イメージ）とその確信度（％）：そのとき，どんなことが頭に浮かんだろうか？

- □「担当者の先生にもっと強く職員室にいるように言えばよかったのに言わなかった」（100%）
- □「いつもちょっとしたことができなくて仕事がうまくいかない」（100%）
- □「私の対応がまずかったな」（100%）
- □「１人きりだなあ」（　%）

※ある特定の場面において瞬間的に頭に浮かぶ考えやイメージを，「自動思考」といいます。認知療法・認知行動療法では，否定的感情と相互作用する自動思考を把握し，自動思考への対応の仕方を習得します。はじめは自動思考を把握するのが難しいかもしれませんが，過度に否定的な感情が生じたときに，「今，どんなことが頭に浮かんだのだろうか？」「たった今，自分の頭をどんなことがよぎっただろうか？」と自問することで，自動思考を容易に把握できるようになります。

行動・身体的反応

何もできなくなる。体に力が入らなくなる

備考：

Copyright 洗足ストレスコーピング・サポートオフィス

図５.６　完成したツール３（事例Ａ　田中洋子さん）

思考や自動思考が生じた状況について検討するということです。この時点で残り時間がかなり少なくなっていたので，とりあえずツール４に記載されている質問を田中さんとひとつひとつ確認し，各質問に対してあれこれ考えてみることができるということを強調して，このパートを終えました。

5-10　セッションのまとめ

これまでと同様に，最後の５分間を使って，第３セッションのまとめの作業を行いました。３つの課題がホームワークとして設定されました。１つがこれまでと同様にBDI-IIを実施すること，２つ目がツール３に記入された具体的場面と気分・感情（とその強度）をツール４にそのまま転記し，さらに検討の対象として選択した自動思考「私の対応がまずかったな」とその確信度も転記することです。さらに３つ目の課題として，ツール４に記載されている質問についてあれこれと考えてみる，可能であれば書いてくる，というのを設定しました。

認知再構成法という技法について，それなりのスピードでセッションを進めているので，私のほうでは「ちょっと進みが速いかな」という心配があり，それを伝えたうえで，最後に田中さんから第３セッションに対する感想を話していただきました。田中さんは，特に進みが速い

とは感じていないということでした。そのうえで「どちらかというと考えすぎちゃって，答えるのが遅かったかな」という感想を話してくれました。私は，その考えがセッションのどの時点で浮かんだのかを質問し，ツール3（自動思考の同定シート）に沿って，場面，自動思考（「考えすぎて答えるのが遅かったな」），気分・感情（緊張）を同定してもらってセッションを終了しました。このやりとり自体が，ちょうどこのセッションのおさらいになりました。

5-11　CBTにおける認知再構成法の適用について

　認知再構成法は，CBTでも最もよく使われる技法のひとつです。特にこの事例Aの田中さんのように，非機能的な認知が起点となって抑うつ症状が発生しているようなクライアントさんには，まず身につけていただくとよい技法だと思います。

　しかし認知再構成法をクライアントさんに習得していただくには，その理論的根拠をまず理解していただく必要がありますし，ある程度根気強く練習をしていただく必要があります。また扱う情報量が割合多いので，やはりツールを使って情報を外在化しながら進めていく必要があります。簡単に言えば，役には立つけれども結構エネルギーの要る技法なのです。したがって，抑うつ的でエネルギーが落ちてしまっているクライアントさんに，このような手間のかかる技法を練習していただくためには，それなりの手順を踏む必要があります。このセッション（事例A　第3セッション）では，わりあい丁寧に認知再構成法についてクライアントさんに説明し，導入の手続きを行ったので，このセッションを観ていただくことによって，この技法の導入の仕方についてはご理解いただけるかと思いますが，できれば他の文献を参照して，より詳細に学んでいただきたいと思います（たとえば，参考文献4）。

第6章 認知再構成法2 ——自動思考の検討

〈事例A 第4セッション〉

　本章では事例A（クライアント名：田中洋子さん）の第4セッションについて解説します。事例Aでは第2セッションで，「同じことを何回も考える悪循環の早い時点で，考えの中身を自分で変えられるようになる」ということがCBTでの現実的目標として合意され，第2セッションの終了時に，この目標を達成するための技法として認知再構成法を私が田中さんに提案しました。第3セッションでは，この認知再構成法について心理教育を行い，この技法に取り組んでみるという合意に至り，練習を始めました。第3セッションで焦点を当てたのは，ストレスを感じる（感じた）具体的場面を特定し，そのときに生じる（生じた）気分・感情と自動思考を同定するという作業です。

　田中さんは場面の特定や気分・感情と自動思考の同定を比較的すんなりと習得し，実際に12月8日に体験した出来事を題材に「自動思考同定シート」（ツール3，第2章の図2.7を参照）に記入することができました。そして検討の対象とする自動思考（「私の対応がまずかったな」）を適切に選択できたので，その自動思考について，今度は「自動思考検討シート」（ツール4，第2章の図2.8を参照）を用いて検討していくことになりました。「私の対応がまずかったな」という自動思考について，ツール4の質問群に沿ってあれこれと考えてみるというのが第3セッションで設定されたホームワークの課題のひとつでした。

　この第4セッションに対する私の計画は，ツール4の質問群に対してあれこれと回答する作業をするなかで，自動思考とは別の考えをあれこれと田中さん自身に出していただく，というものでした。そして可能であれば，あれこれと出していただいた複数の別の考えから，田中さんの気に入るものを選んでいただき，それをツール5に記入し，もともとの自動思考の確信度や気分・感情の強度の変化を確認するという作業まで進めたいと考えていました。つまりこのセッションで，「ひととおり認知再構成法について体験し，効果がありそうだということがある程度体験的にわかった」というところまで持っていきたいという目標を立てていました。

　第4セッション前に私がセッション記録シート（第2章の図2.1）のアジェンダ欄に記入したアジェンダは，下記のとおりです（図6.1）。

```
□ 認知再構成法の練習の続き（ツール４）
    →自動思考の検討

□ 認知再構成法の練習の続き　その２
    →新たな考えの案出と効果検証（ツール５）

□ 認知再構成法の全体のまとめ

□ その他
```

図6.1　事例Ａ第3セッション　セラピスト側のアジェンダ案

6-1　事例Ａ第4セッションの全体の流れ

事例Ａの第4セッションでは，以下の項目について順番に対話が行われました。

①導入──経過と現状のおおまかな把握
②アジェンダの設定
③自動思考の検討
④新たな思考の案出と効果検証
⑤認知再構成法のまとめ
⑥セッションのまとめ

以下，各パート（①〜⑥）について，簡単な解説を加えていきます。

6-2　導入──経過と現状のおおまかな把握

第4セッションの冒頭では，いつもどおり前回のおさらいをし，ホームワークの実施状況を確認し，経過と現状を大雑把に把握しました。まず，前回から練習を開始した認知再構成法についての感想を田中さんに尋ねたところ，「時々わからなくなるときもありますけど，全体はおもしろいなあと思っています」というコメントをいただきました。小さなストレスはあったけれども「大きなしんどい」体験はなかったとのことで，主観的なつらさにもさほど変化はないとのことでしたが，BDI-Ⅱの点数が「重症」レベルから「中程度」のレベルに下がってい

```
1  認知再構成法の練習の続き（ツール４）
     →自動思考の検討
2  認知再構成法の練習の続き その２
     →新たな考えの案出と効果検証（ツール５）
3  認知再構成法の全体のまとめ
  その他
```

図6.2　事例Ａ第３セッション　合意されたアジェンダ

ることが確認されました。そのことについても簡単に田中さん自身に考えていただいたところ，大きな出来事がないという要因と，CBTを開始して「考えと気持ちが関係しあっている」と実感できるようになったという要因の２つが挙げられました。

6-3　アジェンダの設定

次に，これもいつもどおり，アジェンダの設定を行いました。私からの提案でよいとのことでしたので，アジェンダの設定はほんの１～２分程度で済みました（図6.2）。

6-4　自動思考の検討

そこで早速１番目のアジェンダであり，ホームワークの課題でもあった「自動思考の検討」のパートに入りました。模擬セッションをご覧いただくとおわかりになるかと思いますが，ここで行ったのは，田中さんが12月８日に職場（専門学校）で，保護者から電話で怒られたその２～３分後に，悲しくつらい気分になったという，そのとき生じていた自動思考（「私の対応がまずかったな」，確信度は100％）についての検討です。具体的には，この自動思考を，「自動思考検討シート」（ツール４，第２章の図2.8を参照）に記載されている12の質問に沿って，質問への回答を試みながらブレインストーミング風にさまざまな考えを出していく，という作業です。

12の質問とは以下のとおりです。

1）自動思考がその通りであるとの事実や根拠（理由）は？

2）自動思考に反する事実や根拠（理由）は？
3）自動思考を信じることのメリットは？
4）自動思考を信じることのデメリットは？
5）最悪の場合どんなことになる可能性があるか？
6）奇跡が起きたら，どんなすばらしいことになるか？
7）現実には，どんなことになりそうか？
8）以前，似たような体験をしたとき，どんな対処をしたか？
9）他の人なら，この状況に対してどんなことをするだろうか？
10）この状況に対して，どんなことができそうか？
11）もし＿＿＿＿＿＿（友人）だったら何と言ってあげたいか？
12）自分自身に対して，どんなことを言ってあげたいか？

　ここで大事なのは，これらの質問に上手に答えるとか，正解を見つけるとかいうことではなく，自動思考や自動思考が生じた状況について，さまざまな角度からとりあえずあれこれと考えてみるということです。検討する自動思考によっては考えづらい問いがあるかもしれませんが，ここではそういうことは気にせず，とにかく「あれこれと考えてみる」という作業をひと通り体験していただくことが大切です。また単に考えるだけではなく，その内容を書き出すことで外在化することも重要なポイントです。田中さんの場合は時間の関係で，まず口頭で話したことをツール4に直接書き出してもらいましたが，もっと時間がかけられる場合は，ひとつひとつの質問についてブレインストーミングを行い，それをレポート用紙など別紙に書き出して（理想としては1つの質問につき1枚），そのうえで役に立ちそうなものを選んでツール4の各欄に記入し直すという手続きが望ましいと思いますし，実際の臨床場面ではそうすることが多いです。

　この事例A第4セッションでは，約25分ほどかけてすべての質問について検討し，ツール4に書き出すことができました（図6.3）。

　このようにツール4の質問群を通じて，もとの自動思考についてあれこれと考えた結果をツール4に書き込むのがこの段階での作業です。この作業が終わり，ツール4が完成したところで田中さんの感想を尋ねたところ，「こうやって考えてみると，ちょっと思い込みすぎていたかなあとは思います」との回答が得られました。

6-5　新たな思考の案出と効果検証

　本来であれば，ツール4の回答群から役立ちそうなものを拾って文章にまとめ直し，それを

第6章 認知再構成法2——自動思考の検討

ツール4 自動思考の検討	**自動思考検討シート**
クライアントID： ○○○	否定的感情と関連する自動思考について検討する
2004年 12月 24日（金 曜日）	氏名： 田中洋子 様

1．具体的場面：最近，ひどくストレスを感じた出来事や状況を1つ選び，具体的に記述する

●いつ？ どこで？ 誰と？ どんな状況で？ どんな出来事が？（その他でも……）
12/8（水）保護者から学費の請求書について問い合わせがあった。質問に答えられず，担当者と話をしてもらうこともできなかったので，ひどく怒られた。謝って電話を切った。その2，3分後，ボーッとしていた

2．気分・感情とその強度（%）　　　　**3．自動思考（考え・イメージ）とその確信度（%）**

悲しい90%，つらい90%　　　　「私の対応がまずかったな」100%

＊＊＊

4．自動思考の検討：さまざまな角度から，自動思考について考えてみる

自動思考がその通りであるとの事実や根拠（理由）は？ 保護者が怒ってしまった	最悪の場合どんなことになる可能性があるか？ 保護者が学校にどなりこんできて，その悪影響が自分にも及ぶ	他の人なら，この状況に対してどんなことをするだろうか？ 同僚や上司に話したり，上手に文句を言う
自動思考に反する事実や根拠（理由）は？ 請求書の説明書きの書き方に問題があった 担当者がお願いした時間に職員室にいなかった	奇跡が起こったら，どんなすばらしいことになるか？ その日のうちに保護者が思い直して落ち着いて電話をしてきてくれる	この状況に対して，どんなことができそうか？ 適当に気分転換をして仕事を淡々と続ける 同僚の子に話す。一緒にご飯
自動思考を信じることのメリットは？ 担当者に文句を言わなくてすむ	現実には，どんなことになりそうか？ 特に何も起きず，なかったことに →よくあるパターン	もし＿＿＿（友人）だったら何と言ってあげたいか？ 「対応，別にまずくないんじゃない？」 ※その根拠も伝える
自動思考を信じることのデメリットは？ 悲しいとかつらいとか強く感じる 仕事が進まなくなる	以前，似たような体験をしたとき，どんな対処をしたか？ 同僚と愚痴を言ってお茶をして帰った	自分自身に対して，どんなことを言ってあげたいか？ 「よくやってるよ」 「ちゃんとできることはやっていたよ」

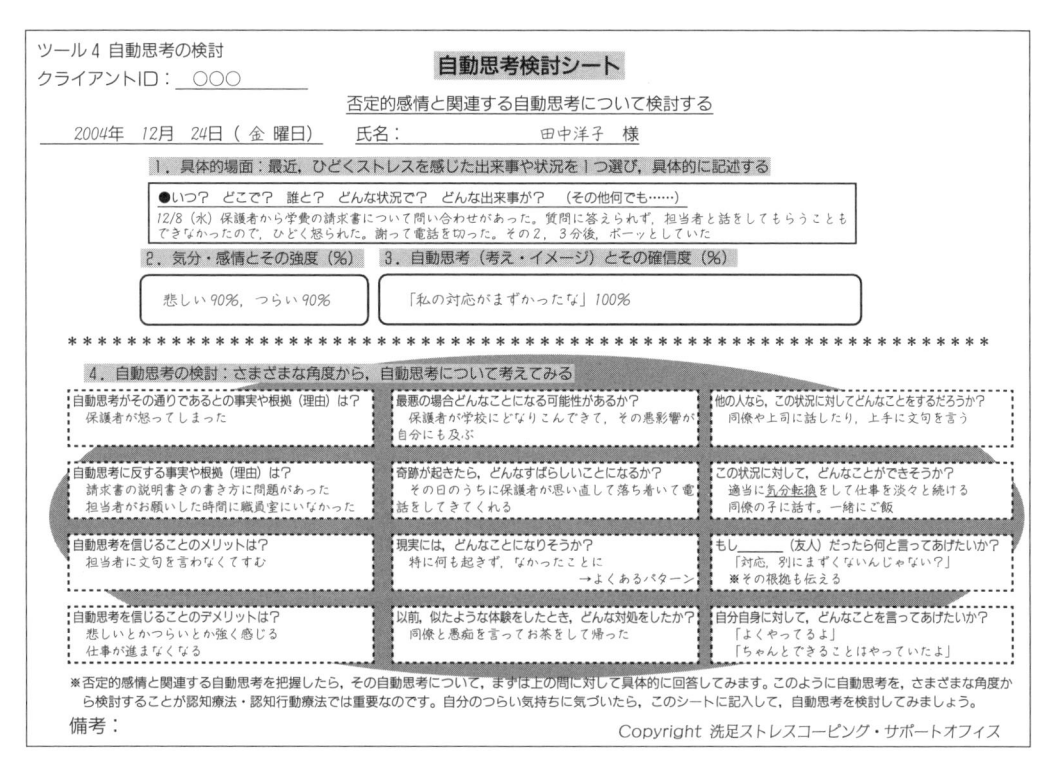

※否定的感情と関連する自動思考を把握したら，その自動思考について，まずは上の問に対して具体的に回答してみます。このように自動思考を，さまざまな角度から検討することが認知療法・認知行動療法では重要なのです。自分のつらい気持ちに気づいたら，このシートに記入して，自動思考を検討してみましょう。

備考：　　　　　　　　　　　　　　　　　　　　　　　　　　　　Copyright 洗足ストレスコーピング・サポートオフィス

図6.3　完成したツール4（事例A　田中洋子さん）

「代替思考の案出シート」（ツール5，第2章の図2.9を参照）の右側の空欄に書き入れ，もともとの自動思考の確信度や気分・感情の強度を再評価するという手続きを丁寧にやる必要がありますが，事例Aは模擬として4セッションで終わりにしなければならないという物理的な事情がありました。そこで私は，残り少ない第4セッションの時間で何とか今日のアジェンダを遂行しよう（すなわち，ひと通りの作業を終え，認知再構成法の全体をまとめる）と考え，この時点，すなわちツール4が完成した時点での田中さんの自動思考や気分の変化を確認することにしました。

その結果，ツール4を終えた時点で，もともとの自動思考に対する田中さんの確信度は「100%」から「60〜70%」に下がり，また，「悲しい」という気分の強度は「90%」から「50%」に，「つらい」という気分の強度は「90%」から「30%」に変化したとのことでした。つまり「代替思考」としてまとめ直さなくても，ツール4の質問集を使って自動思考をあれこれ考えてみるだけで，田中さんのもとの自動思考の確信度や気分の強度が下がったということが確認できたのです。

ツール5への記入はホームワークとして依頼することにして，ここではツール5（代替思考の案出シート）の目的や使い方を簡単に田中さんに説明しました。そして代替思考の欄に記入してみてもよさそうなものを，ツール4に書き出されたものの中から選んでいただき，それを

「自動思考の代わりとなる考え」として表現し直してもらいました。田中さんはツール4の2番目の質問（自動思考に反する事実や根拠は？）と，11番目の質問（もし＿＿＿＿（友人）だったら何と言ってあげたいか？）に対する回答（「請求書の説明書きの書き方に問題があった」「対応，別にまずくないんじゃない？」）を選び，それらを「請求書の説明書きがよくなかったのであって，私の対応がまずかったのではない」という文章にまとめ直し，それをツール5の該当欄に記入しました（図6.4）。またこの新たな思考に対する確信度は80％とのことで，それも書き込んでいただきました。

したがってこの時点ではツール5には少しだけ書き込まれただけで，残りをホームワークとしてやってきていただくことにして，次のアジェンダ（認知再構成法の全体のまとめ）に移りました。できれば，せっかく先ほどツール4の記入が終わった後で，そのときの自動思考や気分の確信度や強度を田中さんに評価してもらっており，さらに代替思考を1つ案出してもらったのだから，その案出後に自動思考や気分の再評価をしてもらい，少なくともそこまでツール5に記入しておきたかったのですが，残念ながらこのときは時間の関係で無理でした。

しかし読者の方々にわかりやすくするために，ツール5の「場面，気分・感情，自動思考」記入欄（ツール5の左上）に記入し（これはツール4と同じ記載で構いません。が，「場面」欄が小さいので少し端折る必要があるかもしれません），ツール4終了後に田中さんが述べてくれた自動思考の確信度と気分の強度を，そしてさらにセッション中に田中さんが案出した代替思考をツール5に補足して記入したものを図6.5に示しますので，参考にしてください（したがってこのツールは，模擬セッションで作成されたものではなく，この原稿を書いているときに私が作成したものだということにご留意ください）。

6-6　認知再構成法のまとめ

ツール5の作成は不十分でしたが，田中さんと私はここまでで，認知再構成法の手続きをひと通り一緒に練習することができました。私は，これでひと通り練習ができたということを田中さんに改めて伝え，そのうえで感想を尋ねました。田中さんの回答は，「難しかったですけれども，質問していただけるので，考えればどうにかできたかな，と思います。まあ想像の範囲だけれども，『まずかったなあ』という考えが少し弱くなったし，嫌な感じ，悲しかったりつらいっていう感じも少し小さくなりそうな気もするので，もうちょっと練習してみたいなと思います」というものでした。つまり，セラピストの手助けがあれば何とかやれそうであること，多少の効果を実感していること，さらに練習をしてみたいことを述べています。実は認知再構成法の1回目の練習をした後のクライアントさんは，このような感想をよくおっしゃいます。

第6章 認知再構成法2——自動思考の検討 55

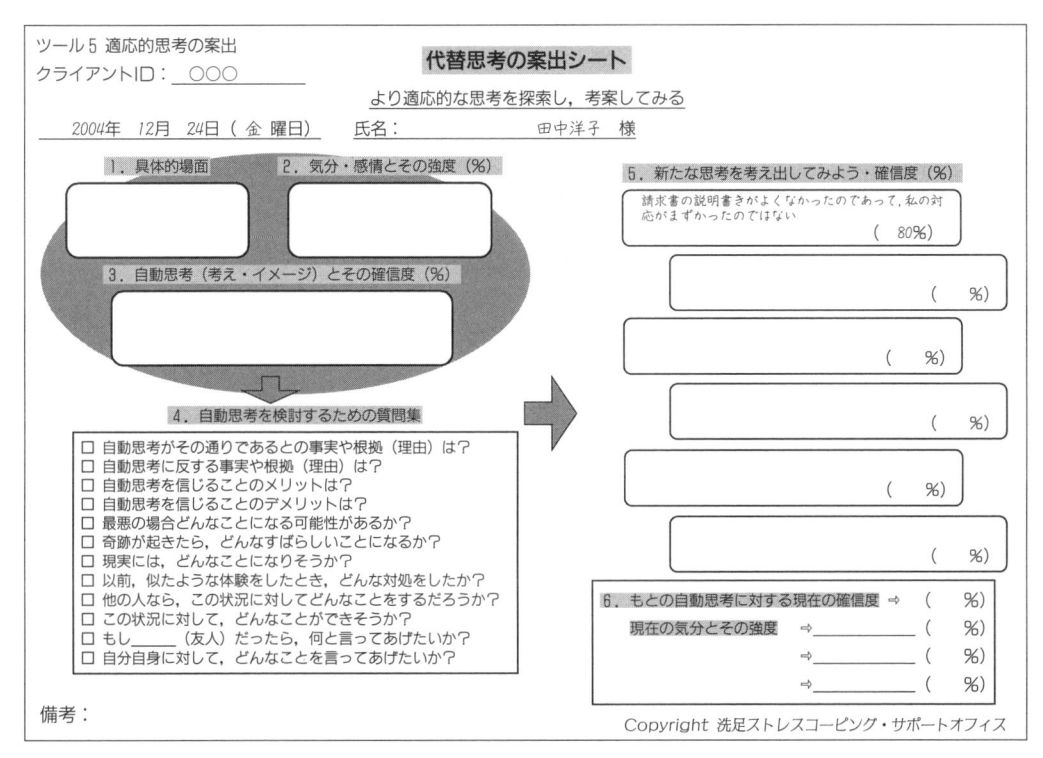

図6.4 代替思考を1つ書き込んだ状態のツール5

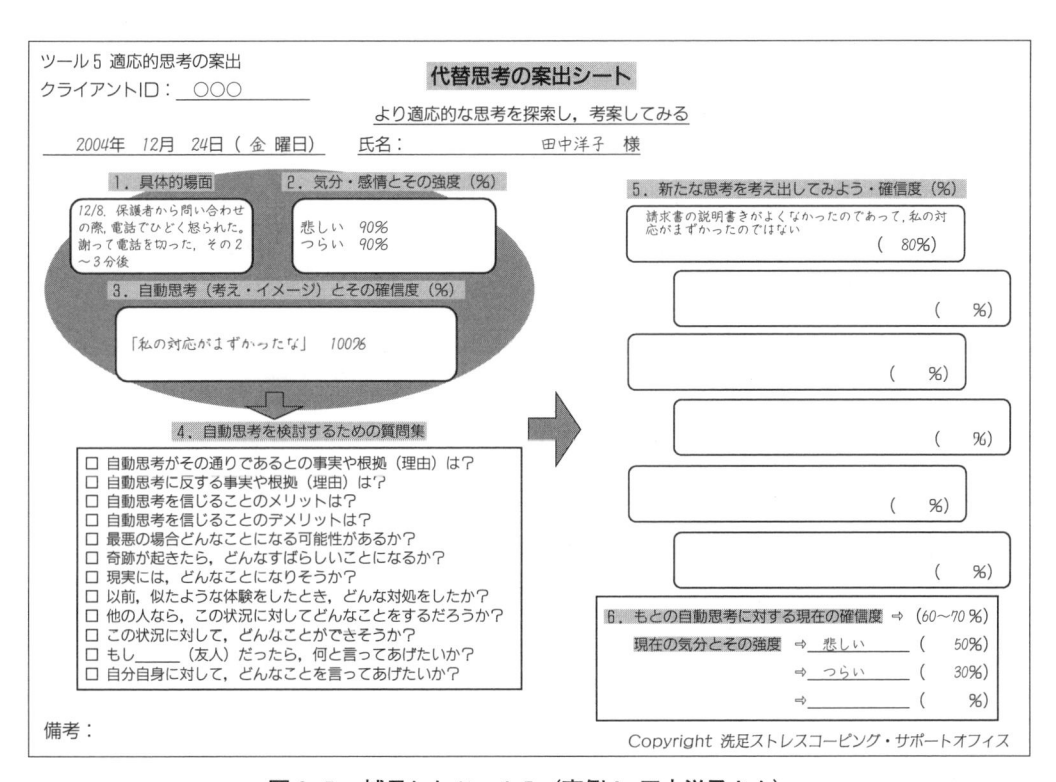

図6.5 補足したツール5（事例A 田中洋子さん）

前述しましたが，認知再構成法はそれなりの手順を踏んで練習する必要があるので，最初からスラスラと出来るはずがなく，何度か練習を繰り返すうちに慣れていくものです。私は田中さんにそのことを再度少しだけお話しして，次のパートに移りました。

6-7　セッションのまとめ

第4セッションのまとめとして，まずホームワークを設定しました。2つの課題をやってきていただくことで合意されました。1つ目がいつもどおりBDI-IIです。2つ目が，このセッションで途中までしか記入できなかった「代替思考の案出シート」（ツール5）に記入してきていただくことです。ただしセッションでできなかったことをホームワークの課題とするのにはリスクがありますので（「セッションでやっていないこと」をホームワークとしてやってきてもらうのは，「セッションでやったこと」のおさらいをやってきてもらうのに比べると，クライアントさんの負担が重くなります），2つ目のホームワークは，「ツール5に記入してみて，セラピストに報告する」という表現にしました。

最後にこちらもいつもどおり，セッションの感想を田中さんに尋ねました。認知再構成法をひと通りできたので，「ああ，こういうふうにやればいいのか」ということがわかってきたとのことでした。

6-8　認知再構成について

事例Aの模擬セッションは4回分を撮影することが最初から決まっていて，認知再構成法をなんとかひと通り模擬セッションとして撮りたかったので，特にこの第4セッションはかなり急いだセッションになってしまいました。実際の臨床場面では，ここまで急ぐことは少ないです。実際の臨床場面で，あと1回分のセッションを認知再構成法の練習に使えるということであれば，おそらくこの第4セッションではツール4の各質問に対する回答を書き出したところで，どの回答が「代替思考」として使えそうか，それぞれの回答を評価する作業をしたことでしょう。そしてその次のセッションで，評価の高かった回答を組み合わせて，それらをツール5の代替思考記入欄に記入していただき，それらの確信度を評定していただいた後に，もともとの自動思考や気分・感情の確信度や強度を再評価してもらうことにしたでしょう。そしてクライアントさんが記入したツール3，4，5を3枚広げて，認知再構成法の手続きについて再度おさらいし，ホームワークとしては，ストレスを感じた出来事があったときに，できればその場で（できなければその後で）ツール3→4→5の順で記入するという課題を依頼したでしょう。これが実際に私がやっているスタンダードな手続きです。

第6章 認知再構成法2——自動思考の検討　57

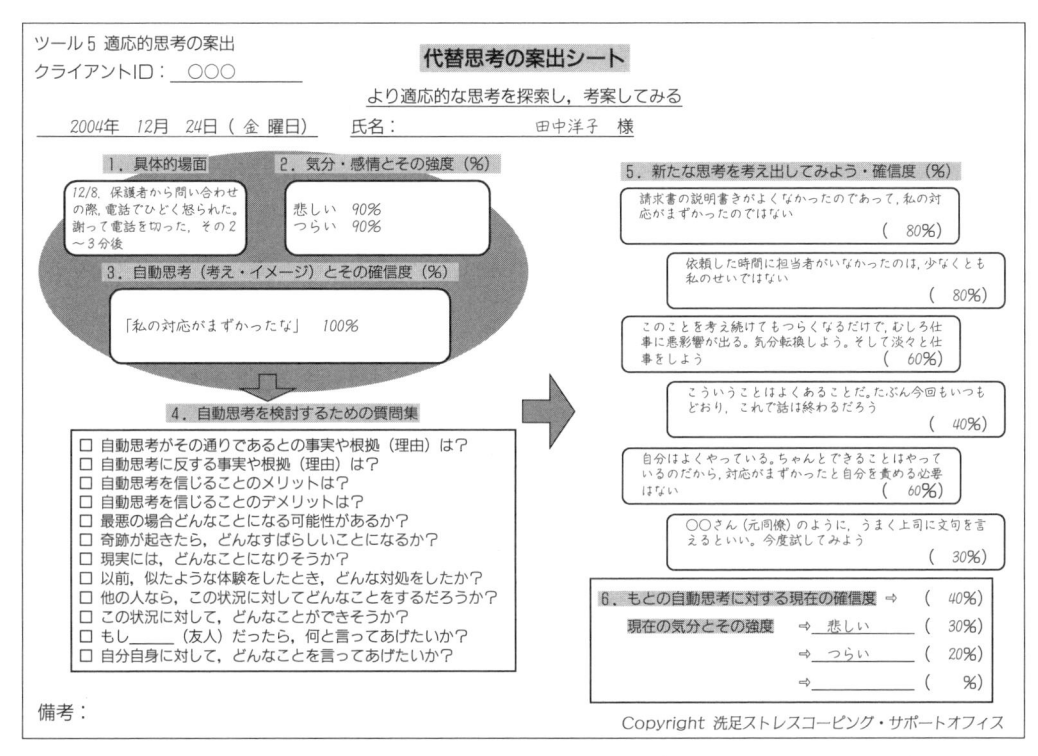

```
ツール5 適応的思考の案出
クライアントID：　○○○　　　　　　　代替思考の案出シート
　　　　　　　　　　　　　　　　　　　　　より適応的な思考を探索し、考案してみる
　2004年 12月 24日（金 曜日）　　氏名：　　田中洋子　　様

　　　1．具体的場面　　　　2．気分・感情とその強度（％）　　　5．新たな思考を考え出してみよう・確信度（％）
　12/8、保護者から問い合わせ
　の際、電話でひどく怒られた。　　　悲しい　　90％　　　　　　請求書の説明書きがよくなかったのであって、私の対
　謝って電話を切った。その2　　　つらい　　90％　　　　　　応がまずかったのではない
　～3分後　　　　　　　　　　　　　　　　　　　　　　　　　　　　　　　　　　　　　（ 80％）

　　　3．自動思考（考え・イメージ）とその確信度（％）　　　　依頼した時間に担当者がいなかったのは、少なくとも
　　　　　　　　　　　　　　　　　　　　　　　　　　　　　　　　　私のせいではない
　　「私の対応がまずかったな」　100％　　　　　　　　　　　　　　　　　　　　　　　　　　　　　（ 80％）

　　　　　　　　　　　　　　　　　　　　　　　　　　　　　　　このことを考え続けてもつらくなるだけで、むしろ仕
　　　　　　　　　　　　　　　　　　　　　　　　　　　　　　　事に悪影響が出る。気分転換しよう。そして淡々と仕
　　　　　　　　　　　　　　　　　　　　　　　　　　　　　　　事をしよう
　　　　　　4．自動思考を検討するための質問集　　　　　　　　　　　　　　　　　　　　　　　　　（ 60％）
　□ 自動思考がその通りであるとの事実や根拠（理由）は？　　こういうことはよくあることだ。たぶん今回もいつも
　□ 自動思考に反する事実や根拠（理由）は？　　　　　　　　どおり、これで話は終わるだろう
　□ 自動思考を信じることのメリットは？　　　　　　　　　　　　　　　　　　　　　　　　　　　　（ 40％）
　□ 自動思考を信じることのデメリットは？
　□ 最悪の場合どんなことになる可能性があるか？　　　　　　自分はよくやっている。ちゃんとできることはやって
　□ 奇跡が起きたら、どんなすばらしいことになるか？　　　　いるのだから、対応がまずかったと自分を責める必要
　□ 現実には、どんなことになりそうか？　　　　　　　　　　はない
　□ 以前、似たような体験をしたとき、どんな対処をしたか？　　　　　　　　　　　　　　　　　　　（ 60％）
　□ 他の人なら、この状況に対してどんなことをするだろうか？
　□ この状況に対して、どんなことができそうか？　　　　　　○○さん（元同僚）のように、うまく上司に文句を言
　□ もし_____（友人）だったら、何と言ってあげたいか？　　えるといい。今度試してみよう
　□ 自分自身に対して、どんなことを言ってあげたいか？　　　　　　　　　　　　　　　　　　　　（ 30％）

　　　　　　　　　　　　　　　　　　　　　　　　　　6．もとの自動思考に対する現在の確信度 ⇒ （ 40％）
　　　　　　　　　　　　　　　　　　　　　　　　　　　　現在の気分とその強度　⇒ 悲しい　（ 30％）
　　　　　　　　　　　　　　　　　　　　　　　　　　　　　　　　　　　　　　　⇒ つらい　（ 20％）
　　　　　　　　　　　　　　　　　　　　　　　　　　　　　　　　　　　　　　　⇒ _____（　％）
　備考：
　　　　　　　　　　　　　　　　　　　　　Copyright 洗足ストレスコーピング・サポートオフィス
```

図6.6　完成したツール5（事例A　田中洋子さん）

　今回この事例Aではセッション中にツール5を完成できませんでしたが、仮に田中さんが、自分で作成したツール4の回答群を材料にして、そして第4セッションでの私の説明に基づいて、ツール5をホームワークとしてやってきたとしたら、図6.6のようなツール5を持参する可能性があったかと思います。この図6.6は私が恣意的に作成したものですが、ご参考までに提示します。

　以上、事例Aの第3セッションと第4セッションを通じて、CBTにおいて最もよく使われる技法のひとつである「認知再構成法」の適用法を紹介しました。ポイントは「認知を変えること」ではなく、「その場の認知（自動思考）をつかまえること」です。それができなければ、認知再構成法が自助のためのスキルとして生かされることはないでしょう。

　その意味では、「自動思考同定シート」（ツール3、第2章の図2.7を参照）をクライアントさんが使いこなせるようになることが、この技法における最初の目標です。またはじめはある程度時間をかけてでも、同定された自動思考を、あらゆる角度から検討し尽くすという手続きも重要です。ツール4の質問集は、正しい回答を求めるためにあるのではなく、クライアントさんの思考の柔軟性を高めることを目的とするものです。このような手続きを経てはじめてツール5に入れるわけです。

　ただし、実際に体験していただくとおわかりいただけるかと思いますが、何らかのストレス

を体験したときに，これら3種類のツールをいっぺんにやるのは，時間と手間がかかってとても大変です。しかし慣れるまでは丁寧にこの3種類のツールを実施する必要があります。私はそのことをクライアントさんに伝えたうえで，「最初は大変だけれども，ツール3～5をひと通りやる練習を何度か繰り返すと，必ず慣れてきますから大丈夫です。慣れてくれば，実はツールの3と4を使わなくても，ツール5だけで認知再構成法ができるようになります。もっと慣れてくれば，ツールに記入しなくても，頭の中で同じ手続きができるようになります。それまで一緒にやっていきましょう」とお話しします。あとはクライアントさんのペースに合わせて，無理せず根気よく練習を進めていくのみです。

　なお，前章でも紹介しましたが，この認知再構成法については，参考文献4にかなり詳しく解説が記載されていますので，参考にしてください。

第7章 問題解決法1
——問題の同定と問題解決的認知の導入

〈事例B 第4セッション〉

　本章と第8章では，DVDセッションの事例Bについて解説します。まず事例Bの概要を紹介します（図7.1）。といっても模擬セッションですから，私が事例Bの概要を以下のように設定したということです。

　初回セッションと第2セッションで，経過と現状をヒアリングし，CBTのモデルに沿って理解したことをアセスメントシート（ツール1，第2章の図2.5を参照）に記入して外在化したものを，図7.2に示します。もちろんこれもこのDVDセッションのために私が恣意的に作成したものです。

　さらに第3セッションで作成した（と設定した）問題同定＆目標設定シート（ツール2，第2章の図2.6を参照）を，図7.3に示します。

　以上をまとめると，事例Bのクライアントである中村貴子さんは，これまで順調に研究員

- **クライアント氏名**：中村貴子（ナカムラタカコ）様
- **性別ほか**：女性　20代後半　研究職（化粧品メーカーの化学系研究員）　独身
- **主訴**：仕事が進まない。情緒不安定（落ち込みや不安）
- **診断**：適応障害（仕事の変化に伴う不安，抑うつ症状）
- **経過**：大学卒業後，現職に就く。ずっと順調に仕事を続けてきたが，2004年4月に主任に昇格する。同年10月，所属部門において新製品の開発プロジェクトが立ち上がり，上司とともにプロジェクトメンバーに抜擢される。その結果，これまでの研究主体の仕事とはうって変わり，資材，生産ライン，営業，マーケティング，広報など他部署との折衝といった仕事が一気に増えた。クライアントは折衝事といった仕事がもともと苦手で，10月以降，業務上の負担だけでなく心理的な負担が増した。その結果，軽い不安症状や抑うつ症状が生じ，仕事を溜め込みがちになり，職場不適応を起こしかけていたとき（2004年11月）にCBTのカウンセリングを開始した。
- **CBTの経過**：初回セッションと第2セッションで，状態や経過をヒアリングし，CBTの基本モデルに沿ったアセスメントを実施した（図7.2を参照）。第3セッションでは，アセスメントの結果が記入されたアセスメントシート（ツール1）を参照し，問題点をリスト化し，CBTにおいてセラピストと一緒に目指す具体的目標を設定し，それらを問題同定＆目標設定シート（ツール2）に記入した。さらに設定された目標を達成するために，「問題解決法」という技法を選択し，第4セッションから練習に入ることで合意された。第3セッションで設定されたホームワークは，「やらなければならない仕事ができない状況や自分について，CBTの基本モデルに沿って考えてくる」というものであった。

図7.1　事例Bの概要

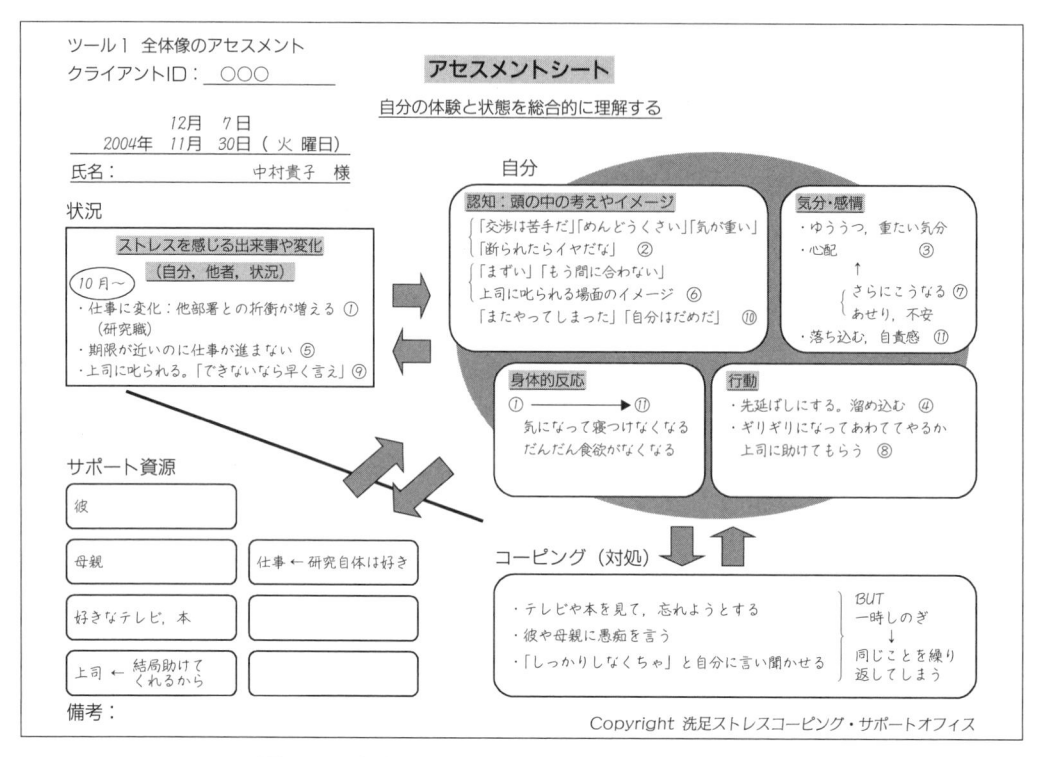

図7.2 完成したツール1（事例B 中村貴子さん）

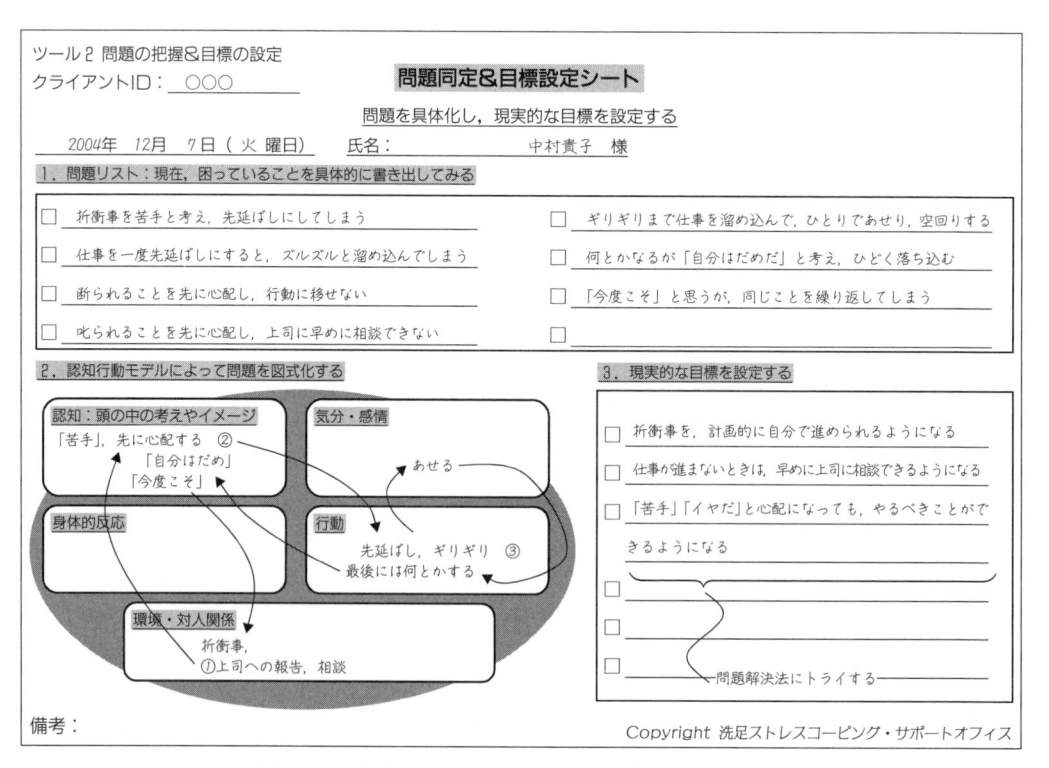

図7.3 完成したツール2（事例B 中村貴子さん）

```
□ 問題解決法について説明（ツール6）

□ HWに基づき，問題解決法で扱う問題の選択と表現（ツール6の1.）

□ 問題解決を促進する認知について検討（ツール6の2.）

□ その他
```

図7.4　事例B第4セッション　セラピスト側のアジェンダ案

として仕事をこなしてきていたのが，この秋に大きなプロジェクトチームに抜擢されることによって，他部署との折衝という仕事が大幅に増え，それに伴う心理的負担増によって適応障害と診断される状態に陥ったということになります。そしてCBTを開始してアセスメントをしてみると，「折衝にかかわる仕事を先延ばししてどんどん溜め込んでしまう，その状況でひとりであせってギリギリになるまで上司に相談できない，最終的には何とかなるがひどく落ち込む，「今度こそ」と思うがまた同じパターンを繰り返してしまう」という悪循環が把握され，図7.3のような目標が設定されたのでした。設定された目標はどれも認知だけでなく，現実的な行動に関わるものです。そこでセラピストは，中村さんが苦手な仕事に今より上手に取り組めるようになるための技法として，「問題解決法」を提案し，その練習をしていくということが合意されたのでした（という設定にしたのです）。

　以上の設定に基づき，事例Bについては第4セッションと第5セッションが撮影されました。この2回のセッションで問題解決法の導入から，計画の作成まで進めています。そこで本章では第4セッションについて，次章では第5セッションについてそれぞれ解説します。

　中村貴子さんとの第4セッションの前に，私がセッション記録シート（第2章の図2.1を参照）のアジェンダ欄に記入したアジェンダは図7.4のとおりです。

7-1　事例B第4セッションの全体の流れ

　事例Bの第4セッションでは，以下の項目について順番に対話が行われました。

①導入——経過と現状のおおまかな把握
②アジェンダの設定
③問題解決法についての全般的な心理教育
④問題状況のおおまかな把握

⑤問題状況を聴取し，ツール1，2と照合する
⑥現在抱えている問題に対して問題解決法を適用することについての合意
⑦問題解決法その1――「問題状況を具体的に把握する」
⑧問題解決法その2(1)――問題解決的認知についての心理教育
⑨問題解決法その2(2)――各問題解決的認知についての説明と検討
⑩セッションのまとめ

以下，各パート（①～⑩）について，簡単な解説を加えていきます。

7-2　導入――経過と現状のおおまかな把握

　私と中村さんは，「アセスメント」「問題の同定」「目標の設定」というCBTの導入段階ですべきことを，3回のセッションを使ってひと通り終えているので，冒頭で私はまずそのことに触れました。そして目標を達成するために「問題解決法」という技法を前回紹介しましたが，それで進めていってよいかどうか，中村さんに確認しました。
　次にホームワークの実施状況について尋ね，特に大きな出来事や変化がなかったということを確認したうえで，次のパートに進みました。

7-3　アジェンダの設定

　実際に問題解決法という技法の練習に入ることが，前回のセッションで合意されていたので，私のほうからはかなり具体的なアジェンダを提案しました（前出の図7.4）。中村さんからは特に提案はないとのことでしたので（図7.5），このパートもあっさりと終えて，さっそく問題解決法にとりかかることにしました。

7-4　問題解決法についての全般的な心理教育

　私は今のところ問題解決法については，「問題解決シート」（ツール6）というたった1枚のツールを使ってクライアントさんと練習をしています（第2章の図2.10を参照）。
　問題解決法について中村さんに説明するために，私は早速問題解決シートを取り出して，中村さんの前に置きました。そして，新しいツールを使うのですが，問題解決というプロセスそのものは誰もが毎日やっていることで，問題解決法は，それをあえて意識的にそして段階的に進めていくものであるということを説明しました。

> 1. 問題解決法について説明（ツール6）
> 2. HWに基づき，問題解決法で扱う問題の選択と表現（ツール6の1.）
> 3. 問題解決を促進する認知について検討（ツール6の2.）
> 4. その他

図7.5　事例B第4セッション　合意されたアジェンダ

　次に問題解決シートの各欄には1.から5.までの番号が振られているのですが，それを中村さんと一緒に見ながら，今後何をやっていくのかということについて，大雑把に流れを説明しました。ひと通り説明を終えたところで，「ここまでの説明はいかがでしょうか？」と中村さんに尋ねたところ，ツール6の5.（行動実験）について，「やってもだめかもしれないということでも，やってみるということですか？」と質問されたので，私からは，「やってうまくいきそうなことを『行動実験』として計画する」ということと，ただし，それでも「やってみないとわからない」ということを説明しました。

7-5　問題状況のおおまかな把握

　このセッションでは問題解決法の1番（ツール6の1.「問題状況を具体的に把握する」）と2番（ツール6の2.「問題解決に向けて，自分の考えをととのえる」）を実施することを先に予告して，早速1番目の手続きに入りました。
　ただし，いきなりツールに書き込むのではなく，まず今現在，中村さんがどのような問題を抱えているのかを，中村さんがホームワークでメモ書きしてきた内容に基づいて，ヒアリングしていきました。
　彼女が抱えている問題とは，新製品の開発のために必要なある材料の調達を入手困難ということで断られたが，もう一度材料部門に要請する申請書を出さなくてはならない，というものでした。その申請書を作成して，相手方に持っていくという業務を，中村さんは上司である課長から命じられていたのでした。そして彼女の話から，日程的な制約がある仕事だということがわかりましたので，私は具体的な期限を尋ね，このセッション実施日（12月14日）から10日後の12月24日が最終的な期限であるということが把握できました。また中村さんが課長にこの業務を与えられたのが10日であり，すでに4日を経過していますが，彼女がこの業務に全く手をつけていないこともわかりました。

7-6　問題状況を聴取し，ツール1，2と照合する

　次に私と中村さんは，今語られた問題が，中村さんが現在陥っている悪循環のパターンに適合するかどうかを検討していきました。そのために，すでに完成されているアセスメントシート（ツール1）と問題同定＆目標設定シート（ツール2）を取り出して，それらと今回の問題を照合してみました。すると，今回の申請書作成の件も，まさにツール1のとおりに悪循環のプロセスが進んでおり，それはまさにツール2に記載された問題そのものであるということがわかり，さらに「やるべきことをできるようにする」といったCBTにおける目標にも絡むことが理解できました。

7-7　現在抱えている問題に対して問題解決法を
　　　　適用することについての合意

　ところで，このような期限が決められている問題をクライアントさんが抱えており，これから問題解決法にチャレンジしようとする場合，期限までに何回セッションを実施できるかということを実際的問題として検討する必要があります。アジェンダ設定のところで私が提案したとおり，初めて問題解決法にチャレンジする場合は，1回のセッションですべてを実施するのは不可能だからです。そこで私は翌週の同じ曜日にも（すなわち12月21日）セッションを受けに来られるか，中村さんに尋ねたところ，「来られる」とのことでした。つまり，今回（12月14日）と次回（12月21日）の2セッションを使って，問題解決法を通して，申請書に関する問題（期限は12月24日）について何らかのチャレンジができるということがわかったのです。
　ただし，これはかなりギリギリのタイミングです。1度目のチャレンジでうまくいくかどうかはわかりません。したがって今回はこのタイミングを生かして，申請書の問題について，問題解決法を「とりあえず試してみる」ということで始めましょうということを私は中村さんに説明し，了承していただきました。

7-8　問題解決法その1──「問題状況を具体的に把握する」

　ここで初めて，把握された問題を，問題解決シート（ツール6，第2章の図2.10を参照）の1番目の欄に記入することにしました。この作業のポイントは，できるだけ具体的にということです。私はそれを何度も中村さんに伝え，さまざまな角度から質問をしながら，さまざま

> 1. 問題状況を具体的に把握する（自分，人間関係，出来事，状況，その他）
>
> ・申請書を他部署に持っていかなくてはいけない (12/24)
> ・断られたらイヤだと思って書類が書けない
> ・書けないことによって，ツール1の悪循環にはまっている
> ・愚痴を言ったりテレビを見ても落ち込んだ気分が変わらない

図7.6　ツール6の1番目の欄への記入

な具体的情報を中村さん自身にツールに書き込んでもらいました。ツール6のこの部分（ツール6の1.）だけ紹介します（図7.6）。

次に，具体的情報を記載した問題状況の欄を，あらためて中村さんに見てもらって，「まさにこれが，今自分が抱えている問題だ」と思えるかどうかを確認し，そう思えるとのことでしたので，次のパートに進むことにしました。

7-9　問題解決法その2(1)——問題解決的認知についての心理教育

問題解決法で2番目にやるべきことは，「問題解決に向けて，自分の考えをととのえる」という作業です（ツール6の2.，第2章の図2.10を参照）。かつて問題解決法は，「問題解決技法」という行動技法として捉えられていましたが，トーマス・J・ズリラらの研究を通して，問題解決法は，単なる行動手順として問題解決を進めていくのではなく，その前に認知的な準備を丁寧に行うことが重要であることがわかっています（詳しくは，参考文献5，6，7を参照）。具体的には，問題解決のためのプランを立てる前に，問題解決をより良い方向に導くための認知を，自分の中に取り入れるという手続きを行います（以降，そのような認知を「問題解決的認知」と呼びます）。

以上について私は中村さんに説明し，問題解決的認知を取り入れることで，問題解決法のその後の手続きがうまくいくということを心理教育として説明しました。

7-10　問題解決法その2(2)——各問題解決的認知についての説明と検討

次に私は，問題解決シートの2番目の欄に記載されている6つの問題解決的認知についてひ

```
┌─────────────────────────────────────────────────────────────┐
│ 2．問題解決に向けて，自分の考えをととのえる                 │
│   □ 生きていれば，何らかの問題は生じるものだ。問題があること自体を受け入れよう │
│   □ 原因を1つに決めつけず，さまざまな要因を見つけてみよう   │
│   □ 問題を「悩む」のではなく，「何らかの解決を試みるべき状況」ととらえてみよう │
│   □ 大きな問題は小分けにしてみよう。小さな問題に分解して，突破口を見つけよう │
│   □ 「解決できるか」ではなく，「対処できそうなこと」「できないこと」を見極めよう │
│   □ できることから手をつけよう。「実験」としてチャレンジしてみよう │
│   □ どんなことを自分に言うと良いだろうか？　下欄に記入してみよう │
│   ┌─────────────────────────────────────────────────────┐   │
│   │                                                     │   │
│   └─────────────────────────────────────────────────────┘   │
└─────────────────────────────────────────────────────────────┘
```

図7.7　ツール6の2番目の欄——問題解決的認知

とつひとつ説明しながら，それぞれについて中村さんにもコメントしてもらいました（図7.7）。

7-11　セッションのまとめ

予定通り問題解決的認知について検討を終えたところで，終わりの時間が近づいてきたため，セッションのまとめの作業に入りました。

ホームワークとして3つの課題が設定されました。1つ目は，日々遭遇している大小の問題について，ツール6の1.のような具体的な表現を試みる，ということです。2つ目は，今回紹介した6つの問題解決的認知（ツール6の2.）を何度も見て，日々の大小の問題に適用しようとしてみるという課題です。3つ目は，自分なりの問題解決的認知を考えてみる，という課題です。

そして本セッションの前半で合意されたように，12月24日期限の「申請書の問題」について，次回の21日のセッションで問題解決法を進めて何とか間に合わせましょうということで，この回は終了となりました。

7-12　問題解決法の導入と問題解決的認知について

問題解決法は，認知再構成法と並ぶCBTの重要技法だと私は考えています。しかし認知再構成法に比べて，専門家のあいだでもさほど知られていないように思います。事例Bの中村さんのように，「わかっているんだけれども，それができないから困るんだ」といった，現実

的で行動的な問題を抱えており，やるべきことを回避することで悪循環に陥ってしまっているクライアントさんの場合は，認知の再構成よりも，むしろ目の前にある問題を回避せず，少しずつ解決していくという認知的構えとスキルの習得が必要なのではないかと思います。

　また認知再構成法を習得したにもかかわらず，気分や行動に改善がみられない場合も，問題解決法を適用して，認知と行動の循環をさらに良くしていくという戦略を取ることができます。問題解決法を通じて，再構成された認知を保ちつつ，実生活での問題により適応的に取り組むことができるようになります。

　問題解決法を適用する際の注意点は，単なる行動的技法として機械的に手続きを進めるようなことはせず，問題解決的認知の説明と検討に十分な時間をかけていただきたいということです。良い方向に問題解決を進めていくための構えを先に作ってから，目標設定以降の具体的な手続きを進めていただきたいのです。認知的構えが不十分または非機能的なままであれば，結局，不適切な目標が設定されることになるからです。

第8章 問題解決法2
——目標設定から行動計画まで

〈事例B 第5セッション〉

　本章では事例B（クライアント名：中村貴子さん）の第5セッションについて解説します。中村さんとのCBTでは，初回〜第3セッションで，アセスメント，問題の同定，目標の設定，つまり本書でいうツール1，ツール2を書き上げるまでの手続きを終えました。そして設定された目標に沿って，問題解決法という技法が選択されました。前回の第4セッションでは，問題解決法の練習を開始し，「問題状況を具体的に把握する」という1番目の手順と，「問題解決に向けて，自分の考えをととのえる」という2番目の手順を終えるところまで進みました。

　この第5セッション（実施日：12月21日）に対する私の計画は，「12月24日に申請書を書き上げて関連部署に持っていかなければならないが，その仕事にとりかかれない」という問題を解決するための課題と計画を，中村さんと一緒に立てるというものでした。そしてこの一連の作業を通じて，問題解決法をひと通り中村さんに体験していただき，「使える技法」として受け入れていただきたいというのも，セッションのもうひとつの目的でした。第5セッションの前に私がアジェンダとして記入したのは，図8.1のとおりです。

8-1　事例B第5セッションの全体の流れ

　事例Bの第5セッションは，以下の項目について順番に対話が行われました。

①導入——経過と現状のおおまかな把握
②アジェンダの設定
③ホームワークの確認（特に問題解決的認知について）
④問題解決法その3 —— 解決・改善状況を具体的にイメージする
⑤問題解決法その4(1)——具体的な手段を案出する
⑥問題解決法その4(2)——具体的な手段を評価する
⑦問題解決法その5 ——具体的な実行計画を立てる
⑧問題解決法のまとめ

```
□ HWの報告と検討（問題解決的認知の適用）
□ ツール6の3.具体的課題の設定
□ ツール6の4.5.ブレインストーミング＆計画
□ その他
```

図8.1　事例B第5セッション　セラピスト側のアジェンダ案

⑨セッションのまとめ

以下，各パート（①～⑨）について，簡単な解説を加えていきます。

8-2　導入──経過と現状のおおまかな把握

第5セッションの冒頭では，申請書の問題という中村さんが実際に抱えている現実的問題に対して，前回から問題解決法を開始したことと，中村さんが今回もホームワークをきちんとやってきたことを確認するにとどめました。2人ともギリギリのタイミングで今回の問題解決法を実施しているのは承知のことなので，本題に早く入りたかったからです。

8-3　アジェンダの設定

したがって，アジェンダについてもすばやく合意されました（図8.2）。

8-4　ホームワークの確認（特に問題解決的認知について）

前回セッションでやったことのおさらいも含め，問題解決法における「問題の具体的な表現」と「問題解決的認知」についてのホームワークを出していましたので，その内容を中村さんに報告していただくことにしました。といっても，ここにあまり時間をかけていられないので，今回は1つだけエピソードを選んでもらって，そのことについて報告してもらいました。

中村さんが報告してくれたのは，「昼休みに他部署の人とすれ違ったときに挨拶をしたら，返事をもらえなかった。それで自分が嫌われているんだと思って落ち込んだ」というエピソードでした。このような報告そのものが，問題解決シート（ツール6，第2章の図2.10を参照）

```
□1 HWの報告と検討（問題解決的認知の適用）
□2 ツール6の3.具体的課題の設定
□3 ツール6の4.5.ブレインストーミング＆計画
~~□4 その他~~
```

図8.2　事例B第5セッション　合意されたアジェンダ

の1番目の欄（問題状況を具体的に把握する）にそのまま記載してもよいような具体的なものだったので，まず私はそれを指摘しました。そしてそのような問題状況に対して，問題解決シートの2番目の欄（問題解決に向けて，自分の考えをととのえる）における問題解決的認知をどのように適用したのか，中村さんに話していただきました。中村さんはすべての認知について考えてみたそうで，なかでも2番目の認知（「原因を1つに決めつけず，さまざまな要因を見つけてみよう」）が，特にこの挨拶の問題については有効だったと報告してくれました。私は有効だったという結果ではなく，ツール6を持ち歩いて，日々の問題を具体的に把握しようとしたり，それらの問題に問題解決的認知を適用しようとしたこと自体を「すばらしい」と言って評価しました。

次に現在焦点を当てている申請書の問題に対して，問題解決的認知がどのように適用できるかについても尋ねました。項目によって実感を持って「そうだなあ」と思えるものと，まだあまり具体的に考えられないというものに分かれるようでしたが，少なくとも「嫌な感じはない」ということでした。ツール6の2.の問題解決的認知については，この時点で詳細に検討するものではなく，「こういうふうに考えてみると，問題解決がうまくいく場合が多いですよ」というモデルのようなものなので，特にクライアントさんがこれにひっかからなければ，いったん先に進めます。ひと通り問題解決法を体験した後で，再度これらの認知を検討してみればよいのです。以上のことについても私は中村さんに伝えました。

さらに3番目のホームワークであった，「ツール6の2.の空欄に，自分なりの問題解決的認知を入れてみる」という課題ですが，中村さんは，「本当に全部私が悪いのかな」「もう一回考えてみようかな」といった認知が浮かんだことと，それを記入してきたことを報告してくれました。私はそのような認知が自発的に中村さんの頭に生じたことに注目し，「せっかくだから書き留めて，外在化しておくといいですよ」といったコメントをしておきました。時間的に余裕のあるセッションであれば，ここで認知再構成法について少し触れてもよかったのですが（中村さんがさほど意図的努力をしなくても認知を再構成したエピソードを話してくれたので，

それについて少し心理教育をするチャンスでもあります），今回は3日後に迫った申請書の期限という現実的制約がありましたので，私たちはそのまま次のパートに移りました。

8-5　問題解決法その3 ── 解決・改善状況を具体的にイメージする

　私はツール6の1.に記載された問題状況が依然として改善されていないことを確認したうえで，ツール6の3.に記載する作業，すなわち問題状況が解決または改善された状況をイメージし，表現していただく作業に入りました。このときの注意点も，できるだけ具体的にということです。ですから私は，非常に細かな質問を中村さんに出し続けました。またもうひとつ注意すべきなのは，ここでイメージし設定する「問題状況が解決または改善された状況」とは，すなわち目標のことです。たった1枚のツールで計画する問題解決法でも，十分に達成が見込める目標を設定しなければなりません。「欲を言えば～になればいいな」といった目標ではなく，「最低～になれば何とか大丈夫」というレベルでの目標にするということです。

　もうひとつこの作業において重要なのは，行動的な目標だけでなく，それに伴う認知的目標も入れ込んでおくということです。たとえば「仕事に取り掛かる」という同じ行動でも，「嫌だなあ」と思ってやるのと「やろうかな」と思ってやるのとでは，その人の体験は大きく異なってきます。そういったところまで事前にクライアントさんにイメージしてもらい，具体的な目標として表現するのです。

　私との対話を通じて，中村さんは以下のような目標を設定しました（図8.3）。

　このように記入したものをあらためて眺めてみて，目標のイメージを具体的に持てるかどうか，私は再度中村さんに確認しました。そして，「はい，できます」という返答でしたので次のパートに移りました。

　もしここでクライアントさんが，「やっぱり」「でも」といった言い方で，目標に対する違和感を話したら，ここでもう一度目標を修正します。CBTでの目標設定が重要なのと同様に，問題解決法における目標設定も非常に重要だからです。目標にひっかかりを感じるのであれば，それが解消できるまで，目標を修正したり調整したりすることを優先する必要があるでしょう。

8-6　問題解決法その4⑴ ── 具体的な手段を案出する

　具体的で現実的な目標イメージを設定した後は，問題解決法の4番目の手続き（ツール6の4.）である，手段の案出とその評価（「問題の解決・改善のための具体的な手段を案出し，検討する」）に入ります。具体的に言うと，目標イメージを達成するために何ができるか，どん

> **3．問題状況が解決または改善された状況を具体的にイメージする**
>
> > ① 24日の午前中までに申請書に肉付けして書き上げる
> > お昼ごはんを食べて，やろうと思って，22日の午後から始める
> >
> > ② 午後いちで課長の印をもらって持っていって担当者に渡す
> > 不安半分　と　大丈夫半分

図8.3　ツール6の3番目の欄への記入──具体的目標イメージ

なふうに考えればよいかということを考え出し，それぞれの案について，効果と実行可能性という2つの観点から0～100％の数値で評価するという手続きです。手段の案出をする際は，ブレインストーミングを行うのが理想的です。ツール6には手段を書く欄が7つしかありません。できれば別紙で十分にブレインストーミングを行い，手段の案が出尽くしたあとで，各案を評価し，評価の高いものをツール6に転記するとよいでしょう。

しかし中村さんとの第5セッションでは，3日後に期限が迫っている申請書の問題を扱っているので，そのように時間をかけてブレインストーミングをする余裕がありませんでした。そこで今回はツール6の4.を使ってブレインストーミングらしきことをひと通り体験していただくということで，直接ツールに書き込んでいくことにしました。ブレインストーミングですから，ひとつひとつの案の良し悪しの判断は後回しにして，とにかく7つの案を出していただきました。

ここでのポイントも，やはり具体的であることと，行動的なものだけではなく認知的な手段も考え出してもらうようセラピスト側が質問によって誘導することです。中村さんは順調に7つの案を出してくれました（図8.4）。どの案も申し分なく具体的です。

8-7　問題解決法その4(2)──具体的な手段を評価する

次に案出された各手段を，「それをやったらどれだけ効果的か」という効果の視点と，「実際にそれはどの程度実行できそうか」という実行可能性の視点の両方から，中村さんにパーセントで評価してもらいました。中村さんはどの手段に対しても難なく評価でき，その結果，彼女が効果も実行可能性もかなり高そうな手段を考え出していたのだ，ということがわかりました。私はそのことを評価し，次のパートに移りました。この時点でツール6の4.の欄には，以下のように記載されました（図8.5）。

```
┌─────────────────────────────────────────────────────────────────────────┐
│ 4．問題解決・改善のための具体的な手段を案出し，検討する                   │
│  ┌──────────────────────────────────────────────────────────────────┐  │
│  │                                              効果的か   実行可能か │  │
│  │ 1) おにぎり1つ，サラダ，みそ汁，ヨーグルトを昼に食べ，やろうと思う (   %) (   %)│  │
│  │ 2) もとになる申請書を出して読む                   (   %) (   %) │  │
│  │ 3) 申請書に何回か目を通す                       (   %) (   %) │  │
│  │ 4) 管理人に資料のありかを教えてもらう              (   %) (   %) │  │
│  │ 5) 「課長は『わかった』と言って印を押してくれるだろう」と思いながら， │  │
│  │    「遅くなってすみません」と書類を渡す            (   %) (   %) │  │
│  │ 6) 「半分大丈夫だから大丈夫」と思いながら，担当者のところへ行く (   %) (   %)│  │
│  │ 7) 「お忙しいところすみません」と言って，振り向いてもらったら，      │  │
│  │    「遅くなってすみません」と言う                  (   %) (   %) │  │
│  └──────────────────────────────────────────────────────────────────┘  │
└─────────────────────────────────────────────────────────────────────────┘
```

図8.4　ツール6の4番目の欄への記入――手段の案出

```
┌─────────────────────────────────────────────────────────────────────────┐
│ 4．問題解決・改善のための具体的な手段を案出し，検討する                   │
│  ┌──────────────────────────────────────────────────────────────────┐  │
│  │                                              効果的か   実行可能か │  │
│  │ 1) おにぎり1つ，サラダ，みそ汁，ヨーグルトを昼に食べ，やろうと思う ( 90 %) ( 98 %)│  │
│  │ 2) もとになる申請書を出して読む                   ( 95 %) ( 30 %) │  │
│  │ 3) 申請書に何回か目を通す                       ( 70 %) ( 80 %) │  │
│  │ 4) 管理人に資料のありかを教えてもらう              ( 90 %) (100 %) │  │
│  │ 5) 「課長は『わかった』と言って印を押してくれるだろう」と思いながら， │  │
│  │    「遅くなってすみません」と書類を渡す            ( 90 %) ( 90 %) │  │
│  │ 6) 「半分大丈夫だから大丈夫」と思いながら，担当者のところへ行く ( 50 %) ( 80 %)│  │
│  │ 7) 「お忙しいところすみません」と言って，振り向いてもらったら，      │  │
│  │    「遅くなってすみません」と言う                  ( 80 %) ( 75 %) │  │
│  └──────────────────────────────────────────────────────────────────┘  │
└─────────────────────────────────────────────────────────────────────────┘
```

図8.5　ツール6の4番目の欄への記入――案出された手段の評価

8-8　問題解決法その5――具体的な実行計画を立てる

　手段の評価が終わったら，それらを取捨選択して具体的な実行計画を立てるのですが，中村さんの場合，ツール6の4．に記載された手段がほぼ時系列に沿っていて，それらをつなげる

> **5. 行動実験のための具体的な実行計画を立てる**
>
> 1）3）4）5）6）を実行する
>
> 7）については，もう少しセリフを考えてみて，実行する

図8.6　ツール6の5番目の欄への記入——実行計画

とそれがそのまま計画になるらしいということがわかっていましたので，私はそのことを指摘し，バッティングしている2）と3）の手段については検討が必要ではないかと言いました。その結果，効果は高いけれども実行可能性の低い2）ではなく，効果は2）よりも劣るけれども実行可能性の高い3）を中村さんは選びました。また7）については，事前にもう少し言葉を考えてみたいとのことでした。

したがってツール6の4.に記載された1），3），4），5），6）をそのまま計画に使い，そして7）についてはさらに言葉を考えてみるというのが，ここで中村さんが立てた計画ということになります。やはり時間があれば，きちんとシナリオを作ってツール6の5.に言葉を書き込むのが望ましいのですが，セッションの残り時間が少なくなっていたのと，中村さんがツール6の4.に記載した手段がどれも具体的でわかりやすいものだったので，今回はツール6の4.の項目番号を使って代用しました。その結果，ツール6の5.は図8.6のようになりました。私はこの計画があくまでも「行動実験」のためのものであることを強調し，「とりあえずトライしていただきたい」と中村さんに依頼しました。

8-9　問題解決法のまとめ

これで何とか問題解決法の計画化までの手続きをひと通り終えることができ，問題解決シート（ツール6）が完成しました（図8.7）。

ツール6を一緒に眺めながら，私は中村さんに，この計画を行動実験としてやってほしいと教示し，やってみてどうだったかということを次回報告するよう依頼しました。また問題解決的認知のうち，「あまりよくわからない」と中村さんが言っていた項目について，再度この時点で尋ねてみると，ここまで問題解決法を進めてみることでそれらの項目が役立つことがわかったという感想が報告されました。

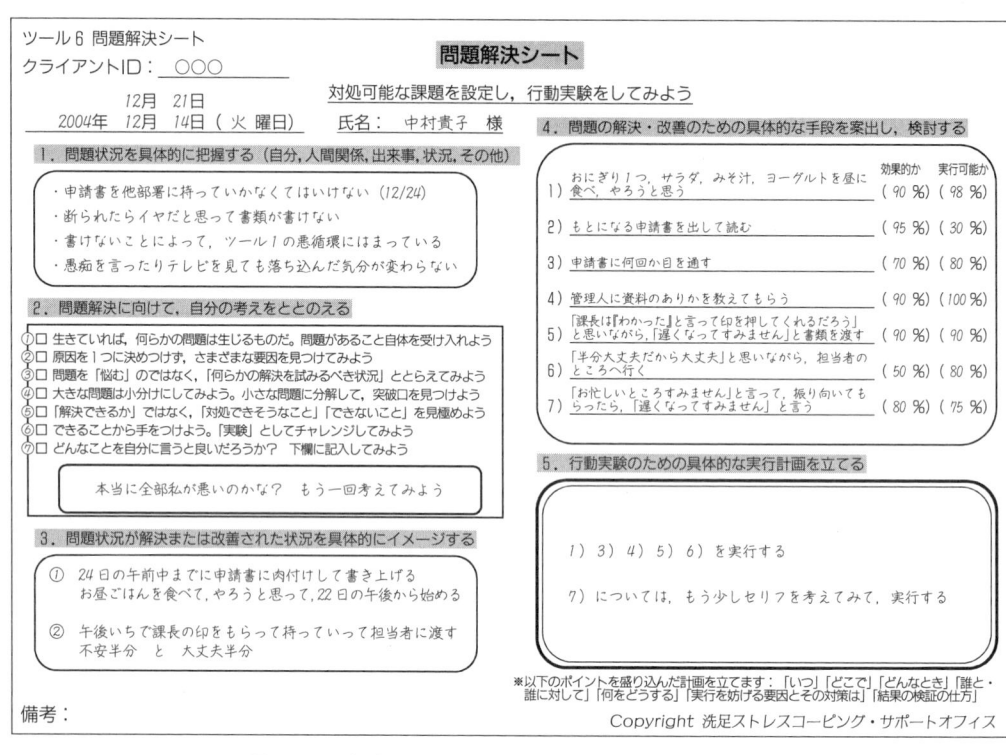

図8.7 完成したツール6（事例B 中村貴子さん）

8-10 セッションのまとめ

セッションのまとめとしては，まず急がせたことについて私から一言中村さんにお詫びし，そのうえでホームワークを設定しました。今回の課題は2つで，ひとつは，今回立てた実行計画に沿って，認知的そして行動的な実験を行い，次回のセッションで報告するというものです。もうひとつは，請求書とは別の，できれば小さめの問題に対して，今回体験した問題解決法を適用してみるというものです。両方とも中村さんはやってくるということで同意し，セッションを終了としました。

8-11 問題解決法における目標設定から行動計画まで

事例Bの第5セッションで行ったのは，問題解決法において認知的準備を終えた後の，目標設定から行動計画策定まででした。ここで重要なのは，CBTにおける目標設定と同様に，達成可能な現実的な目標を設定するということです。またその目標は，クライアントさん自身がありありとイメージできるくらい具体的に表現する必要があります。もうひとつのポイント

としては，行動的なことだけでなく，認知的な面も目標に含めるということです。

　次にその目標を達成するための手段を考え出してもらいますが，先述のとおり，時間があれば別の用紙を使ってブレインストーミングを十分に行い，それぞれの案を評価してから，カットオフポイントをクライアントさんと相談して決め（たとえば効果については50％以上，実行可能性については70％以上のものを残す），残った案を組み合わせて実行計画を立てるのがよいでしょう。しかし時間がなければ，あるいはクライアントさんが有効な手段を案出できそうであれば，この事例B第5セッションのように直接ツールに書き込む形で案出してもらい，評価していってもよいでしょう。

　実行計画もできる限り具体的に，シナリオのような形で表現しておく必要があります。ツールに記載された計画を読むだけで，クライアントさんがイメージリハーサルできるくらい具体化されているとよいでしょう。そのような形で表現されているからこそ，行動実験につながるのです。この問題解決法はツール6を完成させただけでは終わりではありません。実行計画をクライアントさんが実験的に実施して，その結果がどうであったかを次のセッションでセラピストに報告して，ひと通りの手続きが終了したと言えるのです。そしてここで大事なのは，実行計画を成功させることではなく，計画を実行して，結果がどうであったか確かめ，それをセッションで共有するということです。ですから問題解決法のポイントは「うまくやること」ではなく，「やってみてどうだったかを検証すること」であるということを，クライアントさんに強調する必要があります。

　問題解決法も認知再構成法と同様に，いくつもの手続きから構成される技法です。「1回やっておしまい」というものではなく，何度も練習を繰り返すことによって習得されるものであることをクライアントさんに伝え，最初の何回分かはセッションで丁寧に扱うとよいでしょう。そして何度も練習を繰り返すうちに，問題解決法の手順がクライアントさんに内在化され，何か問題が生じても，クライアントさん自身が，問題を具体的に把握し，問題解決的認知を自分でととのえながら，解決に向けて手続きを進めていくということができるようになるでしょう。

第9章 パニック障害の認知行動療法
——心理教育と呼吸コントロール

〈事例C 第2セッション〉

　本章では，事例Cの第2セッションについて解説します。まず事例Cの概要を紹介します（図9.1）。とはいえ，他の事例と同じく模擬セッションですから，私が以下のように事例Cの概要を設定したということになります。

　初回セッションで作成された（と設定した）アセスメントシート（ツール1）は，以下のとおりです（図9.2）。

　ところで，併存症がなく，社会適応が何とか保たれているパニック障害のクライアントさんに対するCBTは，事例Aや事例Bで紹介したような問題同定＆目標設定シート（ツール2，第2章の図2.6を参照）を作成しなくても，パニック障害の認知行動モデルに沿って，問題

- **クライアント氏名**：村越由美（ムラコシユミ）様
- **性別ほか**：女性　20代後半　会社員　独身
- **主訴**：パニック発作。発作が起きた場所に行けない。行けない場所やできないことが増えたことで，生活や仕事に支障を来しており，そのせいで気分も落ち込みがち。
- **診断**：広場恐怖を伴うパニック障害
- **経過**：1年前に最初のパニック発作を経験した。混んでいる通勤電車の中で突然発作が起き，当時は身体の病気だと思い，心臓などの検査を受けたがどこにも異常が見つからなかった。その3カ月後に同じく電車内で2度目の発作が起き，電車に乗れなくなってしまった。その後，混んだ飲食店，混んだデパートや駅ビルなどで立て続けに発作が起き，一度発作が起きた場所には行けなくなってしまうため，行動範囲が急激に狭まった。父親の運転による送迎か，タクシーを使って，何とか通勤は続けているが，人の多い会議などには出られないこともある。数カ月前にインターネットを検索し，自分は「パニック障害」であるらしいと気づき，心療内科クリニックを受診した。医師にもパニック障害と診断され，また抗不安薬が処方され，多少気が楽になったが，依然として発作や回避が続いており，主治医にそれを訴えたところ認知行動療法を勧められ，来談に至った。
- **CBTの経過**：初回セッション（2004年12月14日）で，状態や経過をヒアリングし，CBTの基本モデルに沿ったアセスメントを実施した（図9.2を参照）。セラピストは，パニック障害について大雑把に心理教育を行い，クライアントも納得した。さらにセラピストはパニック障害に対するCBTについても簡単な心理教育を行い，CBTを開始することが合意された。初回セッションで設定されたホームワークは，「発作が起きても起きなくても，嫌な感じになったときの状況や自分の状態を，アセスメントシート（ツール1）のモデルに沿って自己観察してくる」というものであった。第2セッションは12月21日に実施。

図9.1　事例Cの概要

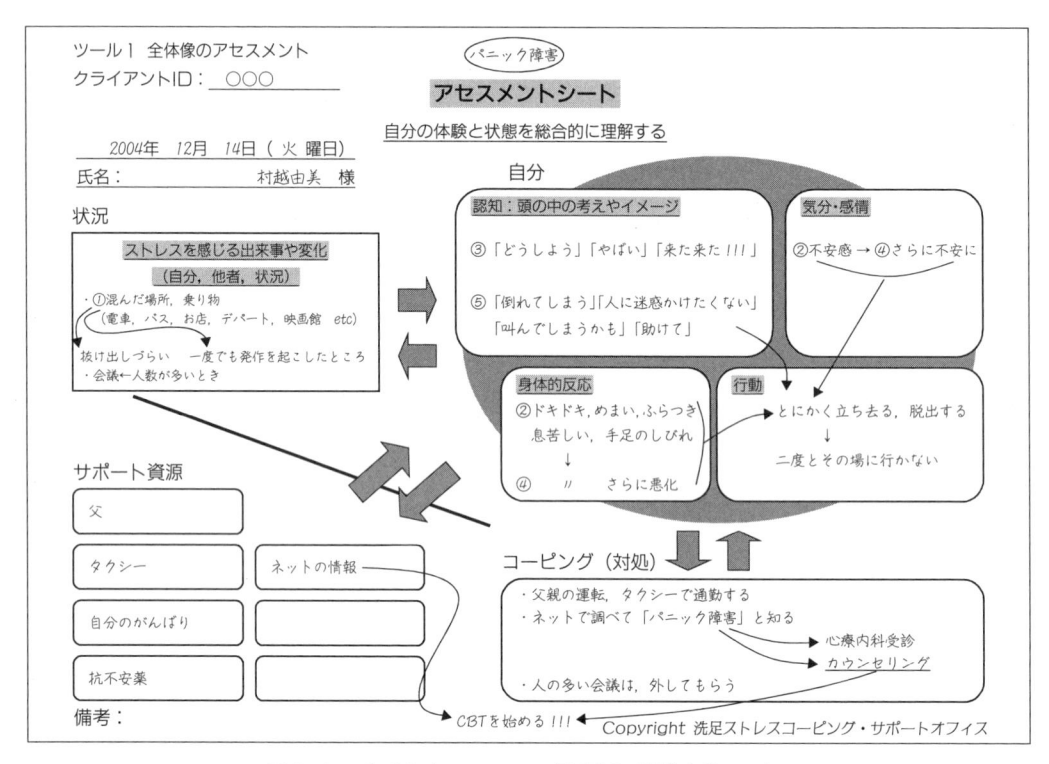

図9.2 完成したツール1（事例C 村越由美さん）

を理解し目標設定を行えば，それで事足りることは多々あります。事例Cの村越由美さんはそのような方でした。したがって図9.2のようなアセスメントを行ったうえで，それを活用してパニック障害とその治療に関する心理教育をしっかりと行えば，ツール2を作成しなくても早速介入に入れると，初回セッション後に私は考えました。事例Cとして紹介するのは，そのような事例の第2セッションです。

村越由美さんとの第2セッションの前に，私がセッション記録シート（第2章の図2.1を参照）のアジェンダ欄に記入したアジェンダは図9.3のとおりです。

9-1　事例C第2セッションの全体の流れ

事例Cの第2セッションでは，以下の項目について順番に対話が行われました。

①導入——経過と現状のおおまかな把握
②アジェンダの設定
③CBTのモデルに沿ったパニック発作のエピソードの聴取
④パニック障害の診断についての心理教育

> □ HW（自己観察）の報告　→ツール1の確認，修正，追加
>
> □ パニック障害とパニック障害に対するCBTについての詳しい心理教育
>
> □ 対処法の練習開始　→たとえば，リラクセーション
>
> □ その他

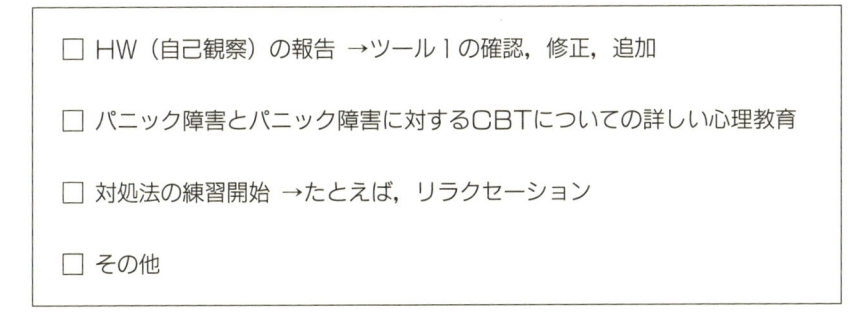

図9.3　事例C第2セッション　セラピスト側のアジェンダ案

⑤パニック障害に対するCBTについての心理教育
⑥回避についての心理教育
⑦リラクセーション法と曝露法についての心理教育
⑧緊張とリラックスについての心理教育
⑨リラクセーション法（呼吸法）の導入
⑩セッションのまとめ

以下，各パート（①〜⑩）について，簡単な解説を加えていきます。

9-2　導入──経過と現状のおおまかな把握

まず私は初回セッションで行ったことを簡単におさらいしました。すなわち，パニック障害に対するCBTを始めることで合意したこと，村越さんの症状についてCBTの基本モデルに沿ってアセスメントし，アセスメントシート（ツール1）を作成したことの2点について述べました。そして，発作になりそうな嫌な感じのときに，CBTの基本モデルに沿って自己観察するというホームワークの課題について，どうであったか村越さんに尋ねました。すると1週間のあいだに，すごく苦しい体験が1度あり，そこまではいかないけれども嫌な感じがしたことが3回ほどあったということでした。そこで一番苦しかったという日曜日の体験を後ほどうかがうことにして，次のパートに進みました。

9-3　アジェンダの設定

私から事前に用意してあったアジェンダ案を見せて，提案しました（図9.3）。日曜日の苦しかった体験については1番目のアジェンダでヒアリングすると伝えました。「トライできそ

```
┌─────────────────────────────────────────────────┐
│ 1 HW（自己観察）の報告 →ツール1の確認，修正，追加 │
│                                                 │
│ 2 パニック障害とパニック障害に対するCBTについての詳しい心理教育 │
│                                                 │
│ 3 対処法の練習開始 →たとえば，リラクセーション    │
│                                                 │
│ 4̶ そ̶の̶他̶                                        │
└─────────────────────────────────────────────────┘
```

図9.4　事例C第2セッション　合意されたアジェンダ

うなものがあったら早速練習を始めようかなと思っています」という私の提案に対して，村越さんは即座に「はい，したいです」と返答し，私が提案した以外に希望するアジェンダは特にないとのことでしたので（図9.4），早速本題に入ることにしました。

9-4　CBTのモデルに沿ったパニック発作のエピソードの聴取

　私は，初回セッションで作成したアセスメントシート（ツール1，前出の図9.2）を2人の前に置いて，それを見ながら日曜日（12月19日）のエピソードを村越さんに話してもらいました。それは「今までは大丈夫だった本屋さんに，注文した本を受け取りに行ったら，何かイベントがあったのでいつもより大勢の人がいて，息苦しさやドキドキが始まってしまい，結局本を受け取らずに戻ってしまった」というエピソードでした。そしてこの日曜日のエピソードが，まさに初回セッションでアセスメントした悪循環そのものであるということが確認できたということが合意され，次のパートに話題を移しました。

9-5　パニック障害の診断についての心理教育

　私は次にパニック障害の診断について，DSM-IV-TR（精神疾患の分類と診断の手引）のミニ版（American Psychiatric Association, 2002）を使って，心理教育的な説明を開始しました（参考文献1を参照）。まず，パニック障害は不安障害に位置づけられることを説明し，村越さんの症状は，「広場恐怖を伴うパニック障害」というものに該当するのではないかと伝えました。そのうえで，DSMに記載された各診断基準と村越さんの症状がマッチするかどうかを，村越さん自身に確かめてもらいました。その結果，少なくともDSMに記載された「広場恐怖を伴うパニック障害」に自分の症状が該当するということを，村越さん自身に理解していただくことができました。

9-6　パニック障害に対する CBT についての心理教育

　その次に私は，パニック障害に対する治療法についてエビデンスが示されている資料（参考文献10を参照）を示して，広場恐怖を伴うパニック障害に対しては，認知行動療法が「十分に確立された治療法」として推奨されていることを伝えました。さらにパニック障害に対するCBTについて市販されているマニュアル（参考文献2を参照）の現物を村越さんに見せ，目次を見ればパニック障害のCBTの流れがわかるということを伝えました。
　ここでのやりとりの結果，パニック障害についての村越さんの知識も，CBTに対する村越さんのモチベーションも，さらに高まったようでした。

9-7　回避についての心理教育

　先ほどのパニック障害の診断についての説明時には，広場恐怖については軽く触れただけでした。しかしパニック障害のCBTの場合，広場恐怖による回避にもきちんと焦点を当てる必要がありますので，ここでもう一度回避について心理教育を行いました。すなわち，村越さんが発作によって倒れてしまうことを恐れて，その場から立ち去ってしまう行動を「回避」と呼ぶのだということをあらためて説明し，回避への対策もCBTに含まれるということを伝えたのです。

9-8　リラクセーション法と曝露法についての心理教育

　私は心理教育をさらに具体化していきました。すなわち，心身の不安緊張度が高まりそうなときに呼吸コントロールなどのリラクセーション法を自分で実施することで，不安緊張をある程度マネジメントできることと，たとえ不安緊張がかなり高まったとしても，気分や身体反応というものは，どこかでピークに達した後必ずおさまることを村越さんに伝えました。その際，村越さんの目の前で描いてみせたのが，図9.5です。
　このような説明をしたうえで，パニック障害のCBTにおける重要な概念である「曝露」についても心理教育を行いました。そして「今すぐにではないけれども，CBTを進めていくなかで，段階的に曝露をすることになるでしょう」と見通しも伝えました。

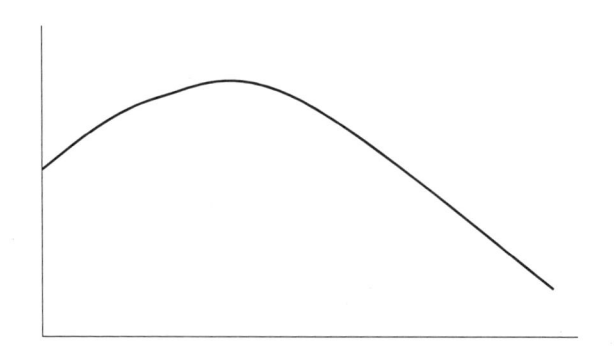

図9.5　気分は必ずピークのあとにおさまることを示した図

9-9　緊張とリラックスについての心理教育

　さらに私は心理教育を続け，緊張とリラックスの波は誰にでもあること，そしてもともと緊張レベルの高い人は，緊張したときにそれがある一定のレベルを超えてしまうので発作のような不安緊張症状が出てしまうのだということを，図9.6を村越さんの目の前で描いて説明しました。
　そして重要なのは，緊張したときにだけそれをコントロールしようとするのではなく，ふだんからリラクセーションを心がければ，緊張レベルの平均値そのものを落とすことができるので，たとえ緊張したとしても発作のレベルまで達することがなくなると説明しました。そしてそのための練習をやってみたいか尋ねたところ，村越さんは「やってみます」と答えました。

9-10　リラクセーション法（呼吸法）の導入

　ここで私は最もポピュラーなリラクセーション法である腹式呼吸法を，呼吸コントロールの一環として村越さんに練習していただくことにしました。マニュアルもお渡ししました（リラクセーション法マニュアル，第2章の図2.11を参照）。が，練習に入る前に，このセッションで練習した呼吸法を実生活で実施する際には，はじめは緊張していないときにやっていただきたいと依頼しました。不安緊張時に慣れないことをすると，よけい不安緊張が高まるおそれがあるからです。
　さらにもうひとつ，練習に入る前に，村越さんの普段の呼吸の仕方について尋ねました。彼女は普段，口呼吸をしているとのことでした。そこで私は緊張している人が口呼吸をするとどうなるかということを村越さんの前で実演してみせ，緊張した身体と口から吸った息を胸に送り込む呼吸がいかに悪循環するかを説明しました。村越さんは自分が緊張しているときの呼吸

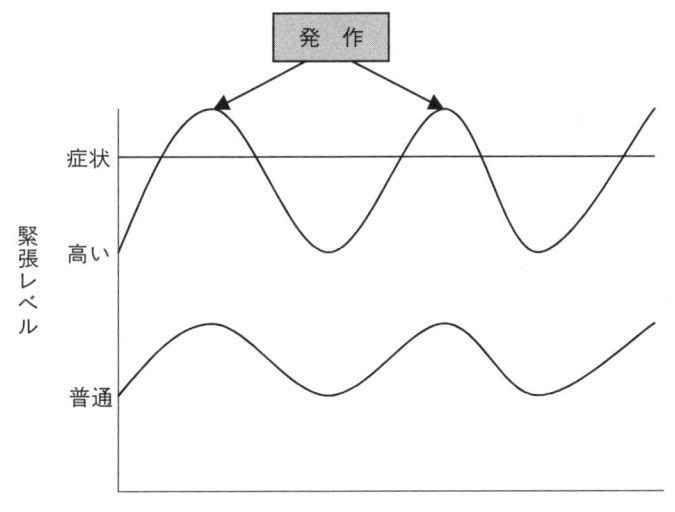

図9.6　緊張とリラックスについての説明図

の仕方がそれであると，少し理解したようです。

　このような前置きの後で，座ったままで腹式呼吸法の練習を行いました。腹式呼吸を上手にやるには，まず身体の重心を下に落とし，肩の力を抜く必要があります。いくつか細かい説明を加えながら，村越さんにも何とかそのような姿勢をとってもらいました。そのうえで，鼻から少しだけ息を吸って，胃のあたりを膨らませ，吸った息を口から細く長く吐いていくという呼吸法を教示しました。

　そしてこのような姿勢と呼吸のやり方に慣れてくれば，結果的に緊張レベルが下がってくること，そして緊張レベルが下がってくると結果的に曝露法にチャレンジする気になってくることを説明し，このパートを終えました。

9-11　セッションのまとめ

　最後にセッションのまとめの作業を行いました。この事例C第2セッションでは，心理教育にかなりの時間を割き，説明の情報量がかなり多かったので，それが大丈夫であったか村越さんに尋ねましたが，「大丈夫です」とのことでした。次にホームワークを設定しました。ホームワークの課題は2つです。1つ目は，セッションで練習した腹式呼吸法のための姿勢と呼吸の練習を段階的に行うことです。このとき再度強調したのが，はじめは安静なときに練習していただきたいということでした。

　2つ目の課題は，セッションで紹介した曝露について，実際にチャレンジするのではなく，さまざまな場面で曝露について考えてみてきていただきたい，というものです。この課題の最

大の目的は，クライアントさんに，曝露という概念に慣れていただくということです。そしてクライアントさんによっては，このような教示だけで，自発的に曝露を行う方もいらっしゃいます。セッションで段階的曝露の計画を立てて，それに沿ってやっていけばそれでよいのですが，その前にチャレンジできればしていただいても構わないので，ひょっとしたらそういうこともあればいいな，という狙いもあってこのような課題を依頼しました。

9-12　パニック障害に対するCBTについて

　以上，事例C（パニック障害）のCBTの第2セッションでした。パニック障害に限らず不安障害の認知行動モデルは基礎研究による裏づけもしっかりしており，またクライアントさんにも説明しやすいものです。事例Aのうつ病性障害や事例Bの適応障害の場合は，背景も，症状も，クライアントさんの主訴も，本当に人それぞれなので，慎重にアセスメントと問題同定・目標設定の手続きを進めていく必要がありますが，併存症のない不安障害の方で，さほど複雑化しておらず，社会適応が保たれているクライアントさんの場合は，クライアントさん自身の症状をしっかりとアセスメントしたうえで，各障害（パニック障害，強迫性障害，社会不安障害，全般性不安障害など）の認知行動モデルを提示して，しっかりと心理教育をするほうが，スムースにCBTを進められるように思います。

　その意味では，クライアントさんが納得し，CBTへのモチベーションが高まるような心理教育のやり方自体が非常に重要だということになります。だから，この事例C（不安障害）と事例D（強迫性障害）については，第2セッションの心理教育の部分を中心に模擬セッションを撮影したのでした。なお，不安障害のCBTについては，わかりやすいテキストが日本語で出版されていますので，ぜひそれらをご参照いただければと思います（参考文献2，9を参照）。

第10章 強迫性障害の認知行動療法
——心理教育と曝露反応妨害法

〈事例D 第2セッション〉

　本章では，事例Dの第2セッションについて解説します。まず事例Dの概要を紹介します（図10.1）。とはいえ，他の事例と同じく模擬セッションですから，私が以下のように事例Dの概要を設定したということになります。

　初回セッションで作成された（と設定した）アセスメントシート（ツール1）は，以下のとおりです（図10.2）。

　併存症がなく，社会適応が何とか保たれている強迫性障害のクライアントさんに対するCBTは，第9章で紹介した事例C（パニック障害）と同様に，事例Aや事例Bで紹介したような問題同定＆目標設定シート（ツール2，第2章の図2.6を参照）を作成しなくても，強迫性障害の認知行動モデルに沿って問題を理解し目標設定を行えば，それで事足りることは

- **クライアント氏名**：越川敦子（コシカワアツコ）様
- **性別ほか**：女性　20代後半　専業主婦　会社員の夫と2人暮らし
- **主訴**：頻繁に手を洗い，一度洗い始めるとやめられない。毎日手を洗うことに多くの時間を取られ，他のことができない。
- **診断**：強迫性障害
- **経過**：もともときれい好きではあったが，特に問題はなかった。結婚して料理を毎日作ることになり，口に入れるものなのできれいな手で調理しなければと考え，自分なりに心がけていた程度で，結婚当初はそれで特に支障はなかった。しかし，あるとき夫がクライアントが作った料理を食べた後にお腹をこわすということがあり，それがきっかけとなって手洗いがひどくなった。特に買い物などからの帰宅後，調理を始める前，調理したものを配膳する前に，自分の手についたすべての菌を洗い流すために，長時間手を洗うのがやめられなくなり，生活に支障を来すようになった。それを知った夫がインターネットで調べて，妻（クライアント）の症状が強迫性障害であるらしいということ，ある程度の重症度までは認知行動療法が効果的らしいという情報を入手し，夫の勧めにより来談した。
- **CBTの経過**：初回セッション（2004年12月14日）で，状態や経過をヒアリングし，CBTの基本モデルに沿ったアセスメントを実施した（図10.2を参照）。セラピストは，強迫性障害について大雑把に心理教育を行い，クライアントも納得した。さらにセラピストは強迫性障害に対するCBTについても簡単な心理教育を行い，CBTを開始することが合意された。初回セッションで設定されたホームワークは，「症状（手洗い）について，アセスメントシート（ツール1）のモデルに沿って自己観察してくる。追加や修正があれば報告する」というものであった。第2セッションは12月21日に実施。

図10.1　事例Dの概要

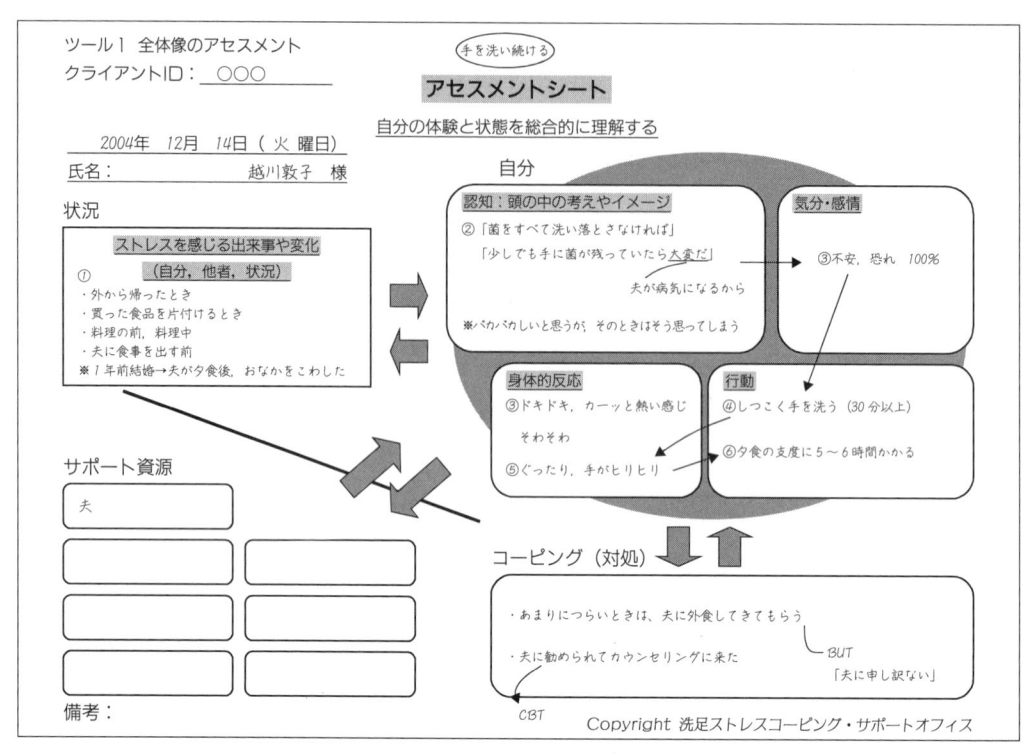

```
ツール1 全体像のアセスメント                    手を洗い続ける
クライアントID：  ○○○           アセスメントシート
                                自分の体験と状態を総合的に理解する
   2004年 12月 14日 ( 火 曜日)
氏名：    越川敦子 様              自分
状況                          認知：頭の中の考えやイメージ        気分・感情
    ストレスを感じる出来事や変化    ②「菌をすべて洗い落とさなければ」
    （自分，他者，状況）           「少しでも手に菌が残っていたら大変だ」  ③不安、恐れ 100%
  ①                                        夫が病気になるから
  ・外から帰ったとき
  ・買った食品を片付けるとき       ※バカバカしいと思うが，そのときはそう思ってしまう
  ・料理の前，料理中
  ・夫に食事を出す前
  ※1年前結婚→夫が夕食後、おなかをこわした
                              身体的反応                行動
                              ③ドキドキ、カーッと熱い感じ  ④しつこく手を洗う（30分以上）
                                 そわそわ              ⑥夕食の支度に5〜6時間かかる
サポート資源                    ⑤ぐったり、手がヒリヒリ
   夫

                              コーピング（対処）

                               ・あまりにつらいときは、夫に外食してきてもらう
                                                              BUT
                               ・夫に勧められてカウンセリングに来た     「夫に申し訳ない」
備考：                           CBT
                                    Copyright 洗足ストレスコーピング・サポートオフィス
```

図10.2　完成したツール1（事例D 越川敦子さん）

多々あります。事例Dの越川敦子さんはそのような方でした。したがって図10.2のようなアセスメントを行ったうえで，それを活用して強迫性障害とその治療に関する心理教育をしっかりと行えば，ツール2を作成しなくても早速介入に入れると，初回セッション後に私は考えました。事例Dとして紹介するのは，そのような事例の第2セッションです。

越川敦子さんとの第2セッションの前に，私がセッション記録シート（第2章の図2.1を参照）のアジェンダ欄に記入したアジェンダは図10.3のとおりです。

10-1　事例D第2セッションの全体の流れ

事例Dの第2セッションでは，以下の項目について順番に対話が行われました。

①導入——経過と現状のおおまかな把握
②アジェンダの設定
③エピソードの報告に基づくさらなるアセスメント
④強迫性障害についての心理教育
⑤強迫性障害に対するCBTについての心理教育

```
□ HW（自己観察）に基づく，ツール1の確認，追加，修正

□ 手洗い症状について，および手洗い症状に対するCBTに
  ついての詳しい心理教育

□ 対処法の練習開始 →たとえば，曝露反応妨害法

□ その他
```

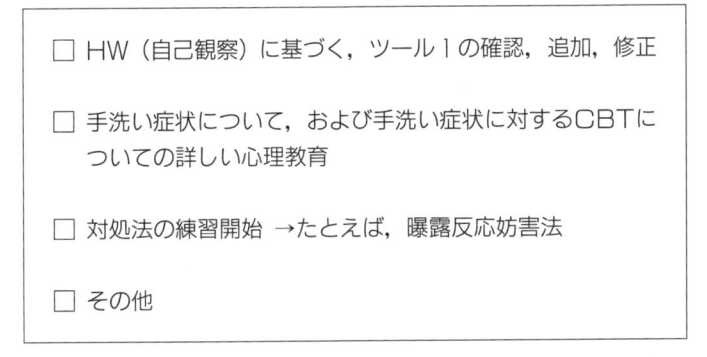

図10.3　事例D 第2セッション　セラピスト側のアジェンダ案

⑥曝露反応妨害法の計画とホームワークの設定

以下，各パート（①〜⑥）について，簡単な解説を加えていきます。

10-2　導入──経過と現状のおおまかな把握

　第2セッションの導入時には，まず初回セッションで「手をずっと洗い続けてしまう」という症状についてヒアリングし，アセスメントシートに症状の流れを記入してみたことを伝えて，初回セッションのおさらいをしました。初回セッションで作成したアセスメントシート（ツール1，図10.2）はすでに2人の目の前に置かれています。私は，アセスメントシートに沿って症状の流れを自己観察するホームワークをやってきたかどうか越川さんに尋ねたところ，やってきたけれども，やはりひどく手を洗ってしまうのが続いているということが報告されました。そのことについては後でヒアリングする旨を伝えて，次のアジェンダ設定のパートに移りました。

10-3　アジェンダの設定

　私が図10.3を示してアジェンダについて提案したところ，越川さんは，この1週間も手を洗うので大変だったということを，私が提案した最初のアジェンダで話せることを理解したので，それ以上のアジェンダは提案されず，このパートはすぐに終わりました（図10.4）。

```
┌─────────────────────────────────────────────┐
│  ① HW（自己観察）に基づく，ツール１の確認，追加，修正  │
│                                             │
│  ② 手洗い症状について，および手洗い症状に対するCBTに  │
│    ついての詳しい心理教育                      │
│                                             │
│  ③ 対処法の練習開始 →たとえば，曝露反応妨害法      │
│                                             │
│  ~~④ その他~~                                │
└─────────────────────────────────────────────┘
```

図10.4　事例D第2セッション　合意されたアジェンダ

10-4　エピソードの報告に基づくさらなるアセスメント

　私たちは，越川さんが自己観察してきたことを報告していただきながら，前回作成したアセスメントシート（ツール１，前出の図10.2）を参照していきました。買い物から帰ってきたときに大変だったという昨日のエピソードが報告されましたので，それについて詳しくヒアリングすることにしました。

　話を聞きながらわかってきたのは，初回セッションでは「菌」に対する怖さを主に語っていた越川さんですが，菌だけでなく，石鹸や洗剤という化学物質にも恐怖心があるということでした。また越川さんが洗い続けるのは，自分の手だけではなく，自分の手が触れる調理器具や食器なども含まれるということがわかりました。それらはすべて，夫がおなかをこわすのを防ぐために行われているというのも再度確認されました。越川さんはこのような症状のために，買い物から帰った後，6時間以上もの時間を夕食作りに費やしており，疲れてしまうとのことでした。初回セッションでアセスメントされたことに，「化学物質」といった追加情報がありましたので，私はそれらを再度アセスメントシートに追加で記入しました。

　私たちは再度アセスメントシートを一緒に眺めて，「あらためてこれを見て，どうでしょうか？」と私は越川さんに尋ねました。越川さんは「食べ物だから，（それを食べて）病気になったら」という心配を再度述べました。そこで私が「ちなみにご自分が病気になるのは心配しないのですか？」と尋ねると，それはさほど心配ではないとのことでした。彼女が心配しているのは，自分の作った料理を食べることで夫が病気になることだということが，ここで再確認できました。

10-5　強迫性障害についての心理教育

　私は次に越川さんの症状について，DSM-IV-TR（精神疾患の分類と診断の手引）のミニ版（American Psychiatric Association, 2002）を使って，心理教育的な説明を開始しました。まずDSMに沿って診断するのであれば，越川さんの症状は不安障害のひとつに位置づけられる「強迫性障害」と呼ばれる診断に該当することを伝え，それもアセスメントシートに追加で記入しました。

　そのうえでアセスメントシートに記載された症状の悪循環を再度参照しながら，それのどこがどのように強迫性障害と関連するのか，ということについて詳しく説明しました。説明のポイントは，①菌や化学物質を「すべて」洗い落とさないといけないと考えていること，②不安を解消するための手洗いによって，生活に支障を来していること，③夫の病気に対して多大な責任を感じていること，の3つでした。

10-6　強迫性障害に対するCBTについての心理教育

　私は次に強迫性障害についてのエビデンスや治療法について記載されている文献（参考文献10を参照）を示し，強迫性障害の治療法としてはCBTが第一選択であることを伝えました。またその際，強迫観念と強迫行為という概念についても心理教育を行い，それらもアセスメントシートに書き加えました。そして越川さんの症状を「不潔恐怖」や「汚染恐怖」とみなすとしたら，CBTのなかでも「曝露反応妨害法」という技法が第一選択であることを伝えました。そして越川さんの症状が外在化されているアセスメントシートを参照しながら，曝露反応妨害法について詳しく説明しました。さらに強迫行為をしなくても，曝露反応妨害によって不安は必ずおさまるということを，第9章で紹介した図（図9.5）を描いて示したりもしました。

　以上の心理教育を踏まえて，不安を抑えるために今は手や食器を洗い続けているけれども，不安に曝露するとしたら越川さんの場合具体的にどうするのか，ということについて私は繰り返し質問をしていきました。そして曝露反応妨害の論理では，不安だから洗い続けるのではなく，普通に洗ってあとは不安なままでいればいいということが，越川さんは，理屈としては理解できたし，そのようになれれば「すごく楽だ」ということも理解したようでした。

　なお初回セッションで一度完成したアセスメントシート（ツール1，前出の図10.2）ですが，この第2セッションでいくつか情報が補足されたので，それらが追加で記入されました。それを図10.5に示します。

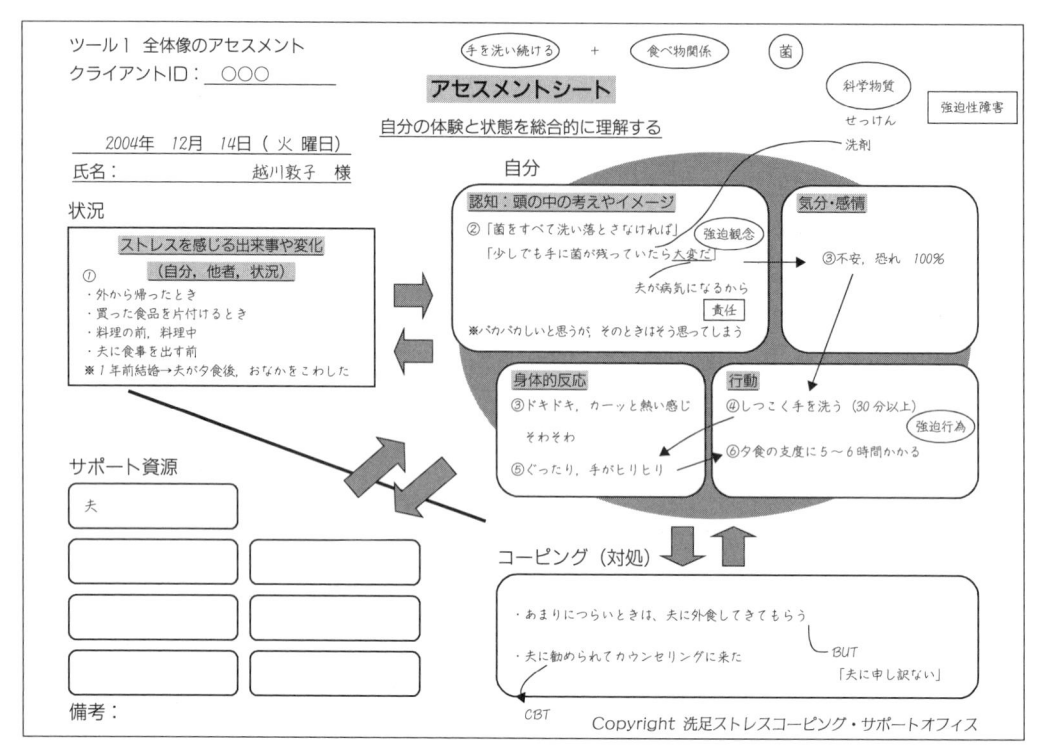

図10.5 補足されたツール1（事例D 越川敦子さん）

10-7　曝露反応妨害法の計画とホームワークの設定

　ここで終わりの時間が迫ってきましたので，まとめの作業に入らなくてはなりません。本当なら曝露反応妨害法については，もう少し系統的な計画を立ててチャレンジしてもらうのが理想的ですが，この第2セッションで，越川さんがせっかく曝露反応妨害法について理解し，モチベーションが上がってきたようでしたので，私はそれを生かしたいと考えました。そこでとりあえずホームワークの課題として，「どういうことだったら曝露反応妨害法を試せそうか？」という問いを立てました。すると越川さん自身が，「フライパンやオーブンを使う前に，手を洗わずにそのまま使う」という案を出してくれました。

　そこでホームワークとしては，1番目の課題は今日のセッションで行った心理教育の内容を復習してくること，そして2番目の課題は，上記で合意された曝露反応妨害法（フライパン，オーブンの使用前は不安なまま手を洗わずに調理を進める）となりました。2番目の課題について話をしているときに，越川さんが少々不安を感じたようで，「やっぱり手を洗いたくなったら洗ってもいいですか？」と質問しました。私は今日のセッションの復習も兼ねて，「そのときに曝露するとしたらどういうことでしょうか？」と質問し返したところ，越川さんはちょ

っと考えて,「不安になって洗いたくなっても,その不安に曝露して,手洗いという反応を妨害する」という曝露反応妨害の原理を思い出し,「そうか」と自分で納得したので,第2のホームワーク課題もそのまま課題としてやってきていただくことにしました。その際私から頼んだのは,「とにかく不安がおさまるのを体験してきてください」ということでした。こればかりは曝露を自分で実践してみなければクライアントさんに実感していただけないことだからです。

最後に越川さんに感想を尋ねると,「今日はいろいろうかがえて良かったです」とコメントしてくれました。

この時点での私(セラピスト側)の見通しですが,今回設定した曝露反応妨害法のホームワーク課題の実施結果を見て,今後の進め方を検討しようと考えていました。自分の症状を強迫性障害の認知行動モデルに沿ってよく理解し,曝露反応妨害法の意味や目的についてもよく理解したクライアントさんは,比較的すんなりと曝露反応妨害課題を実施し,曝露によって一度でも不安がおさまることを体験すると,次々と曝露反応妨害課題を自ら設定し,効果を般化させられる人が多くいらっしゃいます。越川さんもそのようになるかもしれません。しかし逆に今回の課題がうまくいかなかったら,「彼女がどんなときにどれだけ手を洗うのか」という症状についてのリストを作って,もう少し系統立てて曝露反応妨害法の計画を立てることになるでしょう。いずれにせよ,次の第3セッションでホームワークに対する取り組みの結果をしっかりと共有し,今後の進め方について私と越川さんとで相談することになるでしょう。

10-8 強迫性障害に対するCBTについて

以上,強迫性障害のCBTの一端を紹介するために,事例Dの第2セッション,すなわちアセスメントと心理教育を中心に解説しました。

強迫性障害といっても,その病態はクライアントさんによってさまざまです。経過が長く,症状が複雑化している場合は,まずそのヒアリングやアセスメントに相応の時間をかける必要があることは言うまでもありません。また,この事例Dでは,曝露反応妨害法を第2セッションのホームワーク課題として早速提示していますが,余裕があればきちんと症状のリストを作って,適度な不安度を伴う強迫行為をターゲットとして,計画的に曝露反応妨害法を実施するほうが望ましいと思います。強迫性障害のCBTについては,素晴らしいマニュアル(参考文献2を参照)が出版されていますので,そちらを参考にしていただければと思います。

おわりに

　すでにDVDセッションをご覧になったり，この解説書をお読みになった方はお気づきだと思いますが，CBTのセッションの実際やその進め方の全体像を習得するには，今回撮影したセッションの映像やこの解説書だけでは，はなはだ不十分です。できれば時間をかけて理論的な面と実践的な面の両方を含むテキストを書き，より系統だった模擬セッションを撮影したものを出版するべきですが，「はじめに」の項でも書きましたとおり，日本語で実施されたCBTのビジュアル教材を，できるだけ早く多くの方に観ていただくために，不十分を承知で今回出版することにいたしました。

　この数年，CBTの理論や方法については，多くの優れたテキストが出版されています。ぜひそれらをお読みになって，このDVDや解説書を役立てていただきたいと思います。また，クライアントさんひとりひとりがそれぞれの個性を有するのと同様に，私たちセラピストも，それぞれ自分の個性を持ち，自分なりのコミュニケーションスタイルを有しています。したがって今回のDVDセッションにおける私（伊藤）のコミュニケーション法をモデルとするのではなく，あくまでもひとつのサンプルとして参考にしていただき，ご自分のコミュニケーションの特性を生かす方向で，CBTを実践していただければと思います。

　今回のDVDセッションの映像とこの解説書が，少しでも皆様のCBTの実践に役立ち，ひいては多くの患者さんやクライアントさんのお役に立つのであれば，これ以上の喜びはありません。

　最後に，きついスケジュールのなかで模擬セッションに協力してくれた，山本真規子，那田華恵，初野直子をはじめとする，洗足ストレスコーピング・サポートオフィスのスタッフ全員に感謝いたします。また私たちの狭いオフィスで，苦労しながら撮影してくだった株式会社アロービジョンの方々に御礼申し上げます。さらにこのような企画の出版を，快く引き受けてくださった星和書店の石澤雄司社長と近藤達哉さん，および解説書の編集・校正を手掛けてくださった桜岡さおりさんにも感謝いたします。ありがとうございました。

2005年6月24日

伊藤絵美

参考文献

1) American Psychiatric Association：*Quick Reference to the Diagnostic Criteria from DSM-IV-TR*. 2002.（高橋三郎，大野裕，染矢俊幸訳：DSM-IV-TR 精神疾患の分類と診断の手引 新訂版．医学書院，2003.）
2) Andrews, G., Creamer, M., Crino, R., Hunt, C., Lampe, L., & Page, A.：*The Treatment of Anxiety Disorders. Second Edition*. Cambridge University Press, 2002.（古川壽亮監訳：不安障害の認知行動療法（1）―パニック障害と広場恐怖．星和書店，2003./古川壽亮監訳：不安障害の認知行動療法（2）―社会恐怖．星和書店，2003./古川壽亮監訳：不安障害の認知行動療法（3）―強迫性障害とPTSD．星和書店，2005.）
3) Beck, A. T., Steer, R. A., Brown, G. K.：*Beck Depression Inventory-Second Edition*. Harcourt Assessment, Inc., 1996.（小嶋雅代，古川壽亮訳：日本版BDI-II．日本文化社，2003.）
4) Beck, J. S.：*Cognitive Therapy：Basics and Beyond*. Guilford, 1995.（伊藤絵美，神村栄一，藤澤大介訳：認知療法実践ガイド・基礎から応用まで―ジュディス・ベックの認知療法テキスト．星和書店，2004.）
5) D'Zurilla, T. J.：*Problem-Solving Therapy*. Springer, 1986.（丸山晋監訳：問題解決療法．金剛出版，1995.）
6) D'Zurilla, T. J.：Problem-solving training for effective stress management and prevention. *Journal of Cognitive Psychotherapy*, 4；327-354, 1990.
7) 伊藤絵美：心身症の治療25 問題解決療法．心療内科，5；256-260，2001.
8) 伊藤絵美：認知療法・認知行動療法カウンセリング初級ワークショップ．星和書店，2005.
9) 丹野義彦編：認知行動療法の臨床ワークショップ：サルコフスキスとバーチウッドの面接技法．金子書房，2002.
10) 内山喜久雄，坂野雄二編：エビデンス・ベースト・カウンセリング．至文堂，2004.

著 者

伊藤　絵美（いとう　えみ）

社会学博士，臨床心理士，精神保健福祉士
慶應義塾大学大学院社会学研究科博士課程修了
現在　洗足ストレスコーピング・サポートオフィス所長
主な著書・論文：「認知心理学と認知療法の相互交流についての一考察："問題解決"という主題を用いて」（慶應義塾大学大学院社会学研究科紀要，1994年），「心身症の治療：問題解決療法」（心療内科，5，2001年），『認知療法ケースブック』（分担執筆，星和書店，2003年），『ジュディス・S・ベック著：認知療法実践ガイド・基礎から応用まで──ジュディス・ベックの認知療法テキスト』（共訳，星和書店，2004年），『認知療法・認知行動療法カウンセリング初級ワークショップ』（星和書店，2005年），『ロバート・L・リーヒイ著：認知療法全技法ガイド』（共訳，星和書店，2006年）など。

認知療法・認知行動療法　面接の実際
2006 年 2 月 20 日　初版第 1 刷発行
2009 年 7 月 27 日　初版第 2 刷発行
2015 年 3 月 7 日　初版第 3 刷発行

著　者　伊藤絵美
発行者　石澤雄司
発行所　㈱星　和　書　店
　　　　〒168-0074　東京都杉並区上高井戸 1-2-5
　　　　電話　03（3329）0031（営業部）／03（3329）0033（編集部）
　　　　FAX　03（5374）7186（営業部）／03（5374）7185（編集部）
　　　　http://www.seiwa-pb.co.jp

Ⓒ 2006 星和書店　　Printed in Japan　　ISBN978-4-7911-0592-2

・本書に掲載する著作物の複製権・翻訳権・上映権・譲渡権・公衆送信権（送信可能化権を含む）は㈱星和書店が保有します。
・JCOPY 〈(社)出版者著作権管理機構　委託出版物〉
　本書の無断複写は著作権法上での例外を除き禁じられています。複写される場合は，そのつど事前に(社)出版者著作権管理機構（電話 03-3513-6969，FAX 03-3513-6979，e-mail：info@jcopy.or.jp）の許諾を得てください。

認知療法・認知行動療法カウンセリング 初級ワークショップ

伊藤絵美 著　A5判　212p　2,400円

大好評の認知行動療法ワークショップを完全テキスト化。認知行動療法の実践家の養成のために。

DVD 認知療法・認知行動療法カウンセリング 初級ワークショップ

伊藤絵美　A5函入　DVD2枚組（収録時間：約5時間37分）　12,000円

かねてより大好評の著者主催のワークショップを完全収録。　※書籍+DVDのセット販売はしておりません。書籍は別売です。

スキーマ療法入門
理論と事例で学ぶスキーマ療法の基礎と応用

伊藤絵美 編著　津髙京子，大泉久子，森本雅理 著　A5判　400p　2,800円

スキーマ療法で「生きづらさ」を解消，生きていくのが楽になる。

認知行動療法 実践ワークショップ I ケースフォーミュレーション編（1）
インテーク面接・初回セッション・応急処置

伊藤絵美 著　A5判　496p　3,800円　　CBTの更なるスキルアップのために。

認知療法全技法ガイド
対話とツールによる臨床実践のために

ロバート・L・リーヒイ 著　伊藤絵美，佐藤美奈子 訳　A5判　616p　4,400円

伝統的なものから最新のものまで，認知療法の数多くの技法を一挙紹介。認知療法のアイデア集。

発行：星和書店　http://www.seiwa-pb.co.jp　価格は本体（税別）です